品味另类史

把武器和自由交给敌人

——世界战俘史

宁小小 著

WUHAN UNIVERSITY PRESS
武汉大学出版社

图书在版编目(CIP)数据

把武器和自由交给敌人:世界战俘史/宁小小著. —武汉: 武汉大学出版社,2010.10
品味另类史
ISBN 978-7-307-08262-5

Ⅰ.把… Ⅱ.宁… Ⅲ.俘虏—历史—世界 Ⅳ.E19

中国版本图书馆 CIP 数据核字(2010)第 201954 号

责任编辑:郭 静 责任校对:王 建

出版发行: 武汉大学出版社 (430072 武昌 珞珈山)
(电子邮件: cbs22@whu.edu.cn 网址: www.wdp.com.cn)
印刷:湖北恒泰印务有限公司
开本: 720×1000 1/16 印张:12.75 字数:163 千字 插页:1
版次:2010 年 10 月第 1 版 2010 年 10 月第 1 次印刷
ISBN 978-7-307-08262-5/E·36 定价:27.00 元

序

如果不是因为近些年来屡见报端的美国虐囚丑闻，如果没有那些逼真的战争影片，“战俘”这2个字，可能不会引起任何人的关注。我们幸运地生活在一个相对和平的年代，“战俘”离普通人已经很遥远。不仅如此，如果留心一下，我们会惊奇地发现，在如此浩瀚的历史书海中，我们几乎很难找到完整、系统地书写战俘历史的书籍。尽管他们在那些影视画面里频繁出现，让我们感觉很熟悉，但真正的战俘是怎样的，我们又是如此陌生。或许，由于战俘始终是和战争、屠杀、血腥、罪恶……这些令人感觉不快的字眼联系在一起，所以他们只能存在于被历史所忽略的阴暗角落，几乎被遗忘。现代人偶尔去了解它，也大多是抱着一种好奇、猎奇的心态。但纵观人类历史，战俘这个话题是无法回避的。可以说，人类进入文明时代的历史有多长，战俘的历史几乎就有多长，他们是人类历史浮沉的见证，也是人类从野蛮走向文明的见证。透过这个小切口，我们不仅可以更加清晰地了解整个人类历史，也可以从中获得很多不一样的生命感悟。

战俘，这群缴械投降的人，在烽火中侥幸存活下来却又不幸失去自由的人，古往今来，他们的命运到底如何呢？在人类早期，由于生产力低下，处置战俘并不方便，杀掉战俘是最省力的方法，所以几乎所有民族，都出现过大规模屠杀战俘的现象。然而，也有更多的战俘得到了妥善的利用，他们被用做奴隶，对早期文明作出了重大的贡献，这恐怕是许多人都不曾知道的。总体说来，随着人类文明的进步，人们对待战俘的方式也越来越人道。但不同的时期，不同的国度，处理战俘的方法真是千奇百怪。我们还知道，许多叱咤风云的历史人物，也曾经做过战俘。围绕着战俘这个话题，我们可以了解到很多从前所不知道的知识。尽管这是一个沉重的命题，但它同时也是一个很有意思的命题。希望这本书可以带给你知识上的收获，同时带给你愉快的阅读体验。

宁小小

2010 年 8 月

目录

一 最早的战俘与早期文明

最早的战俘出现在古埃及，这些战俘很大一部分被用来兴修水利和做苦役，对埃及文明的兴起作出了巨大贡献。举世文明的金字塔，饱含战俘的血汗。然而，早期战俘们最普遍的命运还是被杀死、祭祀或殉葬。在部分原始部落，甚至发生了吃战俘的惨剧。也有历史学家认为，最早的奴隶来自于战俘，因此可以说，奴隶社会是从战俘开始的。

二 纷乱的奴隶社会和被坑杀的战俘

奴隶社会时期，是人类历史上最轰轰烈烈的一个时期。在中国，有春秋战国的混战；在欧洲，相传几个国家为争夺绝世美女海伦，也发生了一场声势浩大的战争。很不幸，这个时期大多数战俘仍旧免不了被屠杀甚至是坑杀。更荒谬的是，早期的足球，竟然是用战俘的人头做成的。古罗马著名的角斗士也多为战俘。

三 封建时期中国战俘：浮沉的见证

中国历史纵横几千年，“分久必合，合久必分”是不变的历史规律。在历代的农民起义和改朝换代中，出现过大量的战俘，有些君王曾经也沦为战俘。值得一提的是，尽管此时人类已经进入到了比较文明的时期，但是屠杀战俘的事情仍然时有发生。

四 中世纪战俘：窥视欧洲历史上黑暗的一页

中世纪的欧洲是一个黑暗的时期，战争不断，宗教屠杀不断。这一时期，欧洲曾多次被外来侵略者征服，著名的十字军东征也发生在这一时期，在战俘的名单中，出现了一大串显赫的名字。而犹太人，也是在这一时期被征服、驱赶和屠杀。此时，欧洲还出现了一个非常特殊的群体——骑士战俘。

五 近代战俘：征服与反抗中的世界

自从哥伦布发现新大陆，欧洲社会就进入了近代社会。在探险与征服的过程中，非洲、美洲的许多部落都沦为欧洲人的战俘。这一时期，也是西方人瓜分世界的时期，其中还穿插了英法百年战争、法意战争、法德战争、拿破仑战争等一系列战争，因此战俘问题可以说是非常复杂。

六 “一战”中的战俘：不该遗忘的一角

此时，《日内瓦条约》已经签订，已经有法律保障战俘的权利。但是总体来说，这一时期的战俘仍然摆脱不了悲惨的命运。这一时期，也出现了人类历史上最著名的战俘，法国的戴高乐将军。他在“一战”时曾六次沦为战俘，却在“二战”结束时当上了法国总统，其传奇经历至今让世人称道。

七 “二战”中的战俘：人类历史上最惨痛的回忆

第二次世界大战是人类历史上最为惨烈的战争。在残酷的战争面前，人性中可怕的一面往往也暴露得最为彻底。“二战”中，几乎所有的国家都有虐待战俘的事件发生。其中以日本最为严重。期间也出现了许多越狱成功的故事，这些故事至今仍被人津津乐道，并被搬上荧幕。

八 朝鲜战争与战俘们的不同命运

朝鲜战争可以说是我们最耳熟能详的一次大型战争了，尽管它已经过去了半个多世纪，但人们了解它的热情依旧高涨。历史总是迷雾重重，关于朝鲜战争，坊间有很多八卦。比如中国屠杀美国战俘，比如志愿军宁可去台湾也不愿回国，真相到底如何，你会从这里找到答案。在此期间，中国还举办了人类历史上第一次也是唯一的一次战俘运动会。

九 “二战”后的战俘：和平年代的灰暗角落

“二战”后，世界大体和平，但也发生了一些局部战争。例如中印战争、中越战争、海湾战争、美国对阿富汗的战争、伊拉克战争等。跟古代战俘相比，这一时期的战俘实在幸福得多。当然，虐待战俘的事件仍有发生，最著名的就是近几年的美国虐待伊拉克战俘丑闻。

十 一个特殊的存在：女战俘

当战俘本来就已经够惨了，如果这些人是女人，结果会怎样？不论是奴隶社会时期的部落战争，还是封建时期的改朝换代，都会有大量的女性被敌人俘虏，其中还包括那些皇族女性。近现代，女人跟男人一样上战场，我们常在电视里看到刑讯逼供的画面。历史上的真实情况到底是怎样的？这实在是一个既沉重又吸引人的话题。

一 最早的战俘与早期文明

最早的战俘出现在古埃及，这些战俘很大一部分被用来兴修水利和做苦役，对埃及文明的兴起作出了巨大贡献。举世文明的金字塔，饱含战俘的血汗。然而，早期战俘们最普遍的命运还是被杀死、祭祀或殉葬。在部分原始部落，甚至发生了吃战俘的惨剧。也有历史学家认为，最早的奴隶来自于战俘，因此可以说，奴隶社会是从战俘开始的。

最早的战俘与古埃及文明的兴起

经证实，人类历史上最早的战争发生在古埃及，并且可以追溯到公元前3500年前。由于年代过于久远，加上那时期人类文明尚处于早期，缺乏成熟的文字，更不可能有确切的史书记载，所以我们只能从一些文物和细节中，寻找关于战争和战俘的蛛丝马迹。

如果你去埃及，可以去开罗博物馆看看。在那里珍藏着一块石雕板，叫“纳尔迈调色板”。石雕板的中央，有一个人头戴白色王冠，右手拿着权杖，左手抓住敌人的头发作扣击状，象征着他的胜利；右上角立着一只神鹰，其爪下绑缚着一个人头，人头连接着一束6根纸草，代表6000名战俘。这个图画的意思就是神鹰为国王俘获了6000名战俘。

在埃及南部黑拉康玻里的一座古墓的墙壁上，绘有一幅壁画，描绘人们拿着石槌、弓箭等武器，在船上和陆地上进行激战的场面。而在另一块名为“战场调色板”的石雕板上，画着以狮子、鹰和朱鹭等鸟兽为象征的州，联合在一起胜利追杀敌人。这些被追杀的敌人，有的已经死亡，有的正在被杀。画面上有两面旗帜，旗帜的顶端站着鹰和朱鹭，在其前面绑着两名行走模样的战俘。

这是怎么回事呢？让我们从埃及早期的历史说起，在氏族社会末期，古埃及出现了城市，这些城市的周围有许多村庄，古埃及人称为“斯帕特”，中国人翻译过来就叫“州”。随着贫富分化的加剧，这些州逐渐由氏族部落转化为国家。当时，埃及有30～40个州，每个州都有自己的保护神，例如鹰神、公牛神、狼神、鳄鱼神等，就是各个氏族崇拜的图腾。各州之间，为了争夺土地、水源、奴隶和财富，经常进行战争。前面所说的那些画面，正是早期人们对战争的形象记录，画面上的那些鸟兽，就是各

■公元前3500年，古埃及人发明了玻璃。

□公元前3500年左右，美索不达米亚出现文明。

个州所崇拜的图腾符号。人们认为是神兽赐予自己力量，才得以战胜对手，所以当凯旋时，那些记载胜利里画面上都有图腾的存在。

纳尔迈调色板　　1－1

长期的战争和兼并，把狭长的尼罗河谷地分成了北部和南部两个较大的独立王国——上埃及王国和下埃及王国。这样，古埃及形成了南北对峙的局面。上下埃及之间经常发生战争。上面我们所提到的著名的“纳尔迈调色板”，就记载了两国之间的一场大决斗。

大约在公元前 3100 年，上埃及提尼斯州的统治者美尼斯逐渐强大起来，美尼斯亲自率领军队攻打下埃及。激战在尼罗河三角洲一带展开。经过几天几夜的决战，美尼斯终于打败了下埃及。著名的“纳尔迈调色板”上头戴王冠的人，正是美尼斯。而那个绑缚着的人头，就是下埃及国王。

人物小传

美尼斯

美尼斯于公元前3100 年，具体时间不详，出生在上埃及的提尼斯城。最初他是提尼斯地区部落首领，后来成为上埃及王国的国王。他在统一了上埃及之后，不断

■约公元前 3100 年，上埃及提尼斯州的统治者美尼斯亲自率领军队攻打下埃及。

□公元前 3100 年左右，美索不达米亚国家处于乌鲁克文化后期。

向外发动战争，约在公元前3100年，他征服下埃及，使整个埃及初步统一成一个国家，开创了古埃及的第一王朝。他运用灵活的手腕统治着埃及，并在尼罗河三角洲南端（今开罗附近）修建了新都白城，即后来的孟斐斯城，作为埃及的首都。一般历史认为，美尼斯是在一场狩猎活动中遇到河马不幸身亡的。

由美尼斯开创的埃及第一王朝，前后共有8个王，历时250年之久。其中至第五任国王时，埃及进入专制统治时期，社会发展到了全盛阶段。这一时期的国王把土地视为自己的财产，把人民视为自己的奴仆，一切行政、军事、司法权力集于自身。国王自称是太阳神的儿子，被视为神圣不可侵犯的对象。后来，埃及国王渐渐被称为“法老”。所以也可以说，是美尼斯开启了法老统治时代，建立了在人类文明史上第一个具有长期而辉煌影响的王国。在今天留下赫赫大名的上古时代帝王中，古埃及的美尼斯恐怕是年代最早的一个。

另外一个关于战俘的证据就是鞋子。据说，在人类早期，地中海沿岸居民几乎不需要穿鞋。古埃及人一般都赤脚，但在一些特殊场合，或者光着双脚有可能受伤时，才会穿凉鞋，国王有时会穿非常精美的凉鞋。在法老图坦卡蒙的墓葬中，有93双鞋。其中有木制的凉鞋，鞋面上描绘着国王俘虏敌人的情景：国王每走一步，就将一名敌人踩于脚下。

人物小传

图坦卡蒙

图坦卡蒙（前1341—前1323），是古埃及新王国时期第十八王朝的法老，他原来的名字叫“图坦卡吞”，后改为“图坦卡蒙”，说明他的信仰从崇拜阿吞神向崇拜阿蒙神转变。

■公元前3000年左右，塞姆族的阿卡德人定居于两河流域中部。

□公元前3000年左右，黄河中下游出现皇帝、炎帝、蚩尤三个大的部落。

他的父亲是著名的改革法老阿蒙霍特普四世（即后来的埃赫那吞），母亲是埃赫那吞的亲姊妹。在图坦卡蒙幼年时生母就去世，由王后纳芙蒂蒂抚养。纳芙蒂蒂十分喜爱他，视其如己出，并将自己的一个女儿许配给他。

图坦卡蒙 9 岁君临天下，19 岁暴亡，死因一直成谜，历史上没有任何记录。有种说法是他死于谋杀，但并不确定。考古学家在他的木乃伊上，发现其头部有一处伤痕，但在他死之前就已经部分治愈，可能是意外受伤，也有可能是暗杀。他的继任者力图抹去历史对他的记载，所以在他坟墓被发掘以前，历史上几乎没有关于他的记载。

图坦卡蒙并不是在古埃及历史上功绩最为卓著的法老，但因数千年后其古墓曝光于世，成为最著名的法老之一。这不仅仅是因为他的墓穴中有着丰富的，令后人惊叹的宝物，更是因为他的墓穴上雕刻的一句诅咒："谁要是干扰了法老的安宁，死亡就会降临到他的头上。"而且，第一批进入他墓穴的考古队员，真的在不久之后相继死去，人们于是将这句墓志铭称之为"法老的诅咒"，闻名至今。

今天随处可见的玻璃上，也留下了战俘的痕迹。早在公元前3500 年，古埃及人就发明了玻璃，用来制作首饰，并捏制成特别小的玻璃瓶。到公元前 1000 年，古埃及人就掌握了玻璃吹制的工艺。为了纪念古埃及人的这一发明，现代许多水晶玻璃上都有古罗马人和埃及人作战的图案。古罗马打败古埃及后，将古埃及战俘放在威尼斯岛上专做玻璃，玻璃制作技术于是传到意大利，进而著名的威尼斯玻璃制作工艺进入鼎盛时期。

从这些壁画里，从这些战俘的遭遇里，我们已经可以看出：虽然有些战俘会被杀死，但也有更多的战俘，被作为战利品带回自己的国家。这些战俘大多被用来从事生产劳动，对早期文明的发展作出了重大贡献。

■公元前 1341 年，法老图坦卡蒙出生。

□公元前 14 世纪，中国处于商王朝的统治之中。

图坦卡蒙的墓口　　1－2

“狮穴”、“血城”和亚述人对战俘的屠杀

亚述人也是历史上最古老的部落，以尚武、残忍闻名至今。公元前3000年左右，塞姆族（居住于亚洲和非洲之间的阿拉伯大沙漠，又称为“闪族”，其中有一支叫作希伯来人的部落比较著名）的阿卡德人定居于两河流域中部，不久后，另一支塞姆族的部落也迁移到了两河流域的北部居住，后来，他们以亚述城为中心，建立起亚述城邦，人们称他们为亚述人。

在很长一段时间里，亚述人先后被阿卡德人、苏美人、阿摩利人、赫梯人、喀西特人和胡里特人所统治。随着阿摩利人建立的古巴比伦王国和

■公元前1323年，埃及法老图坦卡蒙去世。
□公元前14世纪，商王盘庚迁都于殷。

胡里特人建立的米丹尼王国先后衰落，亚述乘机崛起，向南征服了巴比伦，向北攻到里海，往西扩展到地中海东岸。同时，他们不再与埃及交好，反而强迫埃及法老赠献鳄鱼和河马作为礼品。之后，亚述人因为受到其他部落的袭击，曾经一度衰落。

又过了 200 多年，恢复元气的亚述，先后征服了小亚细亚东部、叙利亚、腓尼基、以色列和巴比伦，并严重摧毁了劲敌乌拉尔图。从此，“亚述”神（战神）代替了巴比伦主神“马都克”而成为最高神。随后，亚述又侵入阿拉伯半岛，征服埃及，占据西亚和北非一片领土，建立起一个奴隶制大帝国。

亚述人以尚武闻名于世，他们对敌人和战俘的残忍也是耸人听闻。在各种历史记载和文学作品中，都不乏这些残酷的画面：

一个国王走出尼尼微城门，亲手用短枪刺进兵败被俘军队首领的眼睛里，同时用绳子穿透这个俘虏的嘴唇，用力地拉扯着。

国王下令把战败被俘军队的国王活活剥皮，然后把他的身体抛进烧得红彤彤的火炉里。

国王还下令把这个国家的显贵们剁成肉块，并宣称要让大家看看他多么会惩罚敌人，与他为敌会有什么样的下场。

因为亚述帝国的历代统治者都以强暴、残酷、血腥著称，令人生畏，所以人们把他们建立的帝国称为“狮穴”，将它的首都尼尼微称为“血城”。

亚述军队每攻占一座城池，都要极其残忍地把当地平民屠杀一空。它的一位国王曾经这样记载：“我用敌人的尸体堆满山谷，直到顶峰；我砍掉他们的首级，用他们的人头装饰城墙；我把他们的房屋一把火全烧毁了；我在大城门前建筑了一道墙，并剥下反叛首领身上的皮来包起这座墙；我把一些人活着砌在墙里，还把俘虏沿墙活着插在尖木桩上并且斩首。”

■公元前 722 年，亚述帝国的杰出君主萨尔贡二世出生。
□公元前 722 年，鲁国编《春秋》。

几乎所有的亚述国王都是地地道道的杀人魔王，在对待战俘时尤其残忍。据说，他们屠杀战俘时，迫使战俘跪成一排，让刽子手在背后挥舞狼牙棒一个一个地砸碎俘虏的头。亚述人将屠杀战俘看作一件无比光荣的事情，士兵把俘虏的人头带回去，作为论功行赏的依据。如果是敌人首领的头，就要先在军营示众，然后进行防腐处理，保存起来，或者是做成装饰品，悬挂在国王花园里的树枝上。

亚述故宫雕塑　　1－3

有一年，亚述国王萨尔贡二世打败了乌拉尔图，亚述士兵洗劫了宫殿的宝库，俘虏了 2 万多人，抢光所有的财物，甚至连神像也作为战利品抢走了。为了稳住被征服的地区，亚述统治者一面向这些地区派驻大量军队，用高压手段威胁人们，一面干脆将居民强制迁走，分散安插到其他被征服地区。迁移时，尽量使各种语言和不同出身的人互相混杂，让他们联合不起来。

■公元前 714 年，萨尔贡二世率军彻底攻占了乌拉尔图并掳走了神像。

□公元前 714 年，北戎进攻西周。

人物小传

萨尔贡二世

萨尔贡二世（公元前722—前705年在位），亚述帝国的杰出君主，他在位的时期是亚述帝国的鼎盛时期。他原本是一名下级军官，因战功显赫而得到提升，并篡夺了王位，被后世人称为“亚述的拿破仑”。他统治时期打败了以色列、埃及，镇压了埃及支持的叙利亚和腓尼基等地的起义，使亚述帝国进入了鼎盛时期，并且以善于治国闻名于世。

他在政变中夺权上台后，首先稳定亚述的内部局势，然后就开始镇压被征服地区人民的起义，并向外发动侵略战争，包括南面的巴比伦、西面的叙利亚、巴勒斯坦和北面的乌拉尔图等。

但当时巴比伦的人民不堪忍受亚述的吞并，就在萨尔贡二世即位第一年，巴比伦就在梅罗达克·巴拉丹领导下宣布独立。萨尔贡二世立即出兵征讨，但一时并未得逞。同年，即公元前721年，西部又发生叛乱，萨尔贡二世只好暂时撇开巴比伦，挥师西向，迅速灭了以色列国。

之后，他集中精力对付北方的强有力的对手乌拉尔图，采用包抄战略，先征服乌拉尔图的同盟者亚述东部的山地人民，再于公元前714年，彻底攻占了乌拉尔图并掳走了神像。公元前709年，他又率军攻陷了巴比伦。

但是，历史注定了仅靠武力维持的国家是不会长久的。尽管亚述统治者如此善用武力，又用如此残酷的方式来压制反抗，但最终还是没能摆脱灭亡的命运。公元前621年春天，新巴比伦王国和米底军队在底格里斯河畔会师，向亚述的都城尼尼微进发。他们用巨木做成大槌，表面包上金属皮，装在兵车上，用链子悬吊着用力撞击城墙，但未能撞开。接着，他们又把底格里斯河的水灌进城内，城区迅速变成一片汪洋。事实上，就在这

■公元前709年，萨尔贡二世率军攻陷了巴比伦。
□公元前709年，齐僖公把自己的女儿文姜嫁给鲁桓公。

批外来征服者到来的同时，亚述国内的人们早就对它发出了愤怒的咒骂。本土的贫民和奴隶以及被征服地区的人们，早就对亚述统治者憎恨不已，希望“狮城”快点毁灭。

尼尼微城很快就陷落了，当时在位的亚述国王萨拉克为了逃避被俘，便火焚王宫，葬身于熊熊烈焰之中。之后又过了几年，亚述残余势力也被消灭得差不多。从此，在历史上曾经辉煌一时的帝国亚述便销声匿迹了。但亚述民族没有消失，他们逐渐与阿拉米亚人融合起来，仍旧在原来的地方生存繁衍。

早期战俘最普遍的命运

美国著名导演梅尔·吉普森执导的电影《启示录》，是一部描述玛雅文明晚期的历史题材片。在电影中有这样的一幕：玛雅帝国因为遭遇了严重的干旱，所以派出军队，四处掠夺战俘，并用这些战俘进行活人祭祀，以求得到太阳神的宽恕与庇佑。电影中用比较真实的手法，模仿和还原了玛雅人进行活人祭祀的过程：在大祭司的组织与指挥下，战俘们被带上高高的太阳金字塔，并被活生生地挖心割头。

是不是很残忍很不可理解呢？不过，这在当时却是非常神圣的，战俘被拿来祭祀在人类早期是很平常的事情。以人献祭又称“人牲”，是世界各民族文明发展史上一种非常普遍的原始宗教习俗。在一万年前的世界里，几乎一到播种时节，就要有一次以人献祭。后来，以人献祭慢慢演变为猎头祭祀，也就是把人的头割下来奉献于祭坛之上。因为在原始人看来，人的头颅是“灵魂的座位”，是包藏力量和智慧的地方，被作为一种超自然力量而受到崇拜。原始人认为，用人头献祭可以得到神灵的保佑而使庄稼丰收。

■公元前705年，萨尔贡二世去世。

□公元前705年，郑国纠集齐国和卫国的军队，夺取了周天子的两个城邑盟和向邑。

最开始，猎头祭祀所用的人头，大部分是氏族首领或杰出人物。因为，他们具有超凡的能力，因此他们的头颅易被认为更有智慧，更容易得到人们的崇拜。在美洲和南部非洲的一些原始部落，每到播种季节，一些部落的“特殊人物”或者“最常见的是青年男子”，就会像一个被牺牲的神王”一样，被拿来献祭。在古代秘鲁，如果父亲病了，常常要以儿子作为牺牲来进行祭祀和祈祷。父系氏族社会末期，人类进入了部落战争时期。为争夺土地、水源、粮食等资源部落之间频繁发生战争，胜利的部落自然得到许多“战利品”，大批战俘是其中之一，于是渐渐地，战俘成为献祭的一大来源（甚至是主要来源）。

人类早期，氏族部落大多以血缘关系群居，“非我族类，其心必异”的思想深入人心。当时的生产力发展水平低下，难以养活大批战俘，因此处死战俘是普遍的选择。同时，战争也提供了大批的“人牲”，成批的战俘被送上祭坛”，慢慢地形成了“献俘于社”（社也就是祖先神——战神的神坛）的习俗，也就是在战争前，用战俘祭祀战神，来庇佑自己在战争中得胜。

在我国商代，凡有军事行动时，都一定要杀俘献祭，这是“国之大事，在戎与祀”。当时反映杀俘献祭内容的甲骨文有很多。专家对殷墟祭祀坑人头骨所作的科学鉴定证实，当时被杀来献祭者的人种，非常复杂，这说明献祭的人来自不同地区的不同民族，他们是商代人所虏获的异族战俘。《诗·鲁颂·泮水》中有这么一句：“矫矫虎臣，在泮献馘。”馘的意思就是“军战断耳”。事实上，断耳只是处理战俘首级以奉祭的“技术”手段，真正奉献于祭坛上的是割去耳朵的头颅。一直到春秋时代，这种杀俘献祭的风俗仍普遍存在着，这在当时的很多诗文中都可以得到验证。人们认为，既然奉献头颅给土地神可以保佑谷物丰收，那么用战俘来祭祀战神，同样可以保证战争的胜利。

■公元前621年，新巴比伦王国和米底军队在底格里斯河畔会师，攻打亚述的都城尼尼微。
□公元前621年，雅典执政官德拉古编纂《德拉古法典》。

历史事件特写：墨西哥金字塔中被活埋的战俘

在古代墨西哥，有一座著名的古城特奥蒂瓦坎，它于公元1世纪—7世纪建造，被称为“众神降生的地方”并加以崇拜。在这座城内，有两座金字塔——“太阳金字塔”和“月亮金字塔”。它们因奇特的构造闻名于世，据说，就连凶残的阿兹特克人见到它们时，也不禁心生敬畏。墨西哥人将它们与埃及的金字塔相提并论。关于这两座金字塔，有很多真假难辨的传说。

几年前，一支考古队，在“月亮金字塔”挖掘出一批可怕的墓葬。在刮去最后一层泥土后，呈现在队员眼前的是一幕幕屠杀惨象：一具具身首异处的尸骸散乱地堆放着，其中大部分是战俘，包括外族武士和权贵。在这些战俘周围还有许多动物，包括肉食性哺乳动物、猛禽类，以及可致人死亡的爬虫类。专家曾向世人展示过其中一些具有代表性的遗骸：10具公元300年左右的战俘遗骸，他们双手被缚于身后，身上饰品全被剥光，斩首后被扔作一堆。

考古证据显示，所有受害者都是在建造金字塔的过程中，被献祭杀死的。有些战俘是在斩首后被祭祀的，也有些战俘双手反绑，显然是遭到活埋。在战俘们的四周围绕着代表神力和武力的动物，都是关在笼子里被活埋的，这些动物的腿大部分都被绑了起来。有意思的是，40多只献祭的动物中，还有一只美洲狮。

这个考古学的发现，帮助人们再一次去认识墨西哥古代失落已久的历史：特奥蒂瓦坎的军队，曾以残暴的军事力量统治了中美洲部分区域，他们拿战俘来献祭是再平常不过的事情。

在我国石寨山古墓中，人们也发现了与“猎头祭祀”相关的文物。在一件铜扣饰品上，铸有一前一后两名戴盔甲的男子，他们手中各提一颗人

墨西哥金字塔　　1－4

头，脚下还踩着一具无头尸体。伴随着他们的还有一头牛、一头羊和一个背小孩的妇女。从这个画面中可以看出，牛、羊、妇女应该是他们掳掠来的“战利品”，而无头的尸体则是被杀来祭祀的战俘。

我国西南的佤族至今还流传着一首“猎头祭祀”歌谣：

哦，这是一只美好的鸡，这是一只老实的鸡，望你的鸡卦生得好，保护我们出征安全，保护我们猎头有获。我们与对方有仇恨，我们要去猎对方的人头，请神灵保佑，请好鸡卦显灵，迷住对方的心，让他们走进我们的埋伏圈里：蒙住他们的嘴，让他们喊不出声音；毁掉他们的双眼，让他们什么也看不见；拖住他们的双腿，让他们逃不脱长刀的追击。请神灵保佑，让我们的人双足不伤，让我们的人双手有获，带着战利品而归，一路平安而回。

“鬼”这个字是怎么来的呢？据说也和杀俘祭祀有关。从甲骨文中“鬼”这个字的演变来看，一开始字形都是人头戴面具作舞蹈状。《甲骨文

字典·解字》中是这样解释“鬼”的：“象人身而巨首之异物，以表示与生人有异之鬼。”《甲骨文字典·释意》中解释为“所斩获敌国之首级，用为祭品”。可见，“鬼”这个字确实是取材于献俘于社的祭坛上众多的战俘头颅。它们血肉模糊，狰狞可怕，人们认为这些头颅是离开肉体的灵魂，具有超越活人的力量，因此被制作成面具加以崇拜。当时的人认为，如果戴上鬼头之形的面具，扭动着想像中的鬼神的舞步，就可以与鬼神沟通，获得驱逐疾病和痛苦的奇异力量。

骇人听闻的“剥人皮”仪式

哥伦布征服美洲大陆时，曾经在自己的探险日志中大肆渲染过“食人族”的故事。在许多探险者的描述下，都不缺乏这样的文字：“岛上都住着加勒比人，他们互不争斗，只会使用弓箭袭击别的海岛，并把能够抓到的妇女统统带走，并与她们同居（尤其是那些年轻漂亮的妇女），或强迫她们作女仆。这样的女人很多，她们说加勒比人非常残暴，把俘虏的男人和孩子全部吃掉。”后来，“加勒比”这个词传遍欧洲，并成为“食人者”的同义词。

虽然有不少历史学家认为，“食人者”一说，是欧洲侵略者为了减轻自己的罪恶感而夸大其辞。但不可否认的是，在原始的北美，确实存在着吃俘虏以及用俘虏祭祀的行为，比较有名的就有阿兹特克人。

阿兹特克人是墨西哥人数最多的一支印第安人，其中心在墨西哥的特诺奇，所以又称为墨西哥人或特诺奇人。他们也是一个崇尚人祭的部落，用战俘献祭是一种源远流长的习俗，最骇人听闻也最受人们关注的就是他们的“剥人皮”仪式。

阿兹特克人将被俘虏的武士带回自己的部落，由于这些俘虏要拿来献祭，因此他们受到了如同亲人一般的细心照料。阿兹特克人把他们视为将要死去的兄弟，他们会对俘虏说：“你是我心爱的儿子。”俘虏也会回答：“你是我心爱的父亲。”

不过，温情只是短暂的。很快，迎接他们的便是残酷的“剥人皮”仪式。仪式要在阿克斯皮·托泰克神的庙前举行两天。人们在身穿缠腰纸的俘虏的全身上下涂上一种白色物质，然后在头上涂上橡胶树的粘稠树胶，并粘上火鸡的羽毛，脸上也涂满乳白色的树胶。俘虏要跳到台阶上，其中的许多人都被寺庙的祭司拖到祭石上去，挖出他们的心，并将尸体从台阶上扔下去，然后剥皮，接着被宰割。

阿兹特克人取活人的心脏作祭祀的场景　　1－5

之后，阿兹特克的武士们把亲戚都叫到家中，举行一顿吃人大餐。由于担心自己有一天也会落到敌人的屠宰石上，所以这些战士们自己都不吃俘虏的肉，而是让亲戚们就着一小片人肉吃一小团生玉米仁，这样象征着铭记大地的恩惠于心中。

第二天，地位更显赫的俘虏会在决斗石上被献祭。俘虏会为这场仪式

准备四天，在这四天中，他们要被迫在模拟战斗中挖出对方的“心脏”（用玉米来代替）。之后，这些俘虏就被带到了寺庙。大祭司穿成阿克斯皮的样子，走下台阶，身边跟着随从人员。

俘虏的腰被绑在高高的平台上的一个圆形石头上，身上只有缠腰纸，手拿假武器——四根松木棒和一根布满羽毛的木棒，他们要用这些假武器同数名强壮的手拿真武器的武士进行决斗。为了减少痛苦，俘虏会喝上一些龙舌兰酒，里面掺了些从牵牛花种子中提取的药。

在这场注定要失败的战斗中，战俘们要遭受剥皮之苦，身上被割开一道道口子，鲜血从伤口中缓缓流出。（据说，阿兹特克人认为，皮肤割开口子的做法，代表种子在土壤中破壳发芽）。当这个可怜的俘虏最终倒下时，扮演阿克斯皮角色的大祭司便走上前来，取出他的心脏，作为祭品举向太阳，然后再用一根空心木棍蘸一下从胸口流出的血，并举起木棍让太阳喝到鲜血。他把木棍和一碗鲜血交给武士代表，武士就会带上这些东西环绕全城，让所有寺庙中的神灵都品尝到鲜血的滋味。

环绕全城完毕之后，祭司开始剥俘虏的皮，并对他们的尸体进行肢解。接着，他们在自己裸露的身体上涂抹润滑油，然后披上死者的皮，又开始环绕全城。他们走家串户，受到各处的欢迎。第二天举行的仪式也包括让每一位武士的亲戚参加一顿吃人的大餐。祭司要披人皮达二十天之久，在此期间，他和身边的人要忍受人皮散发出来的恶臭。最后，他会抛弃这件面目全非的腐烂“衣服”，把它埋在阿克斯皮寺庙脚下的一个洞里，接着，他会彻底洗去身上的脏东西，用玉米粉擦去仍粘在身上的润滑油。仪式结束了，全城都在欢庆复苏的春天。

用这种骇人听闻的方式来庆祝春天的来临，不能不说是阿兹特克人创造的一个“奇迹”。在今天的我们看来，这是一种多么惨无人道的行为。但阿兹特克人却认为这是他们对神灵献上的最高敬礼。

奴隶社会从战俘开始

孟子在他的名篇《寡人之于国也》中有这么一句："邻国之民不加少，寡人之民不加多，何也?"从这篇文章中，我们可以看出，古代的君王对增加本国的人口是多么重视。当时的许多国家，都曾采取各种方式来吸引其他国家的人来本国生活。为什么会这样呢?

其实，这并不奇怪。在人类早期，生产力极端低下，人们只会使用简单的工具，生产效率很低。所以在这种情况下，土地和人口是最重要的资源。人类最早的战争，其中有一个最主要的目的就是掠夺战俘。不少史学家都认为，人类最早的奴隶来源主要是战俘。因此从这个意义上可以说，奴隶社会是从战俘开始的。这些战俘被征服者带回自己的国家，用来做苦役和从事各种繁重的体力劳动。古埃及的金字塔，古巴比伦的水利工程，中国的万里长城等，都有战俘洒下的汗水和鲜血。这些在历史上默默无闻，甚至连名字和墓穴都没有的人，这些在战场上作为失败者任人宰割的战俘，是早期文明最大的推动者之一。

古埃及在氏族社会后期，发明了冶金术，并在氏族的居住地建筑城堡，城市的雏形已经出现。现代考古学所发现的这时期的墓葬，已经呈现出贫富分化的迹象。在一些反映氏族生活的壁画和岩画上，出现了战俘和奴隶的形象。

到了古王国时期，奴隶的主要来源是战俘。有关文献表明，当时奴隶主阶级经常发动掠夺土地、奴隶和其他财富的战争，每次战争中都要俘虏数以万计的人，并带回自己的地盘做奴隶。这些战俘多数为国家所有，被用来从事石材开采、兴修水利、工程建造和农业劳动，也有一部分用于家庭内劳动。由于较早地使用战俘兴修水利，参与农业生产，因此古埃及的

经济得到了长足的发展。著名的金字塔，也是在奴隶们的汗水和鲜血中建造而成的，这些奴隶中有许多是战俘，也有通过各种途径买回来的。

在埃及远离底比斯的地方，有一个荒凉的山谷——帝王谷，有28个法老长眠在这里，他们的墓穴被深深凿进岩石中。这些墓穴的构造也是一大奇迹，其中最负盛名的是图特卡蒙之墓。

曾参与建造墓穴的建筑师依南尼为了满足自己的虚荣心，在殡葬礼堂的墙壁上记叙了自己的生平，并声称："国王陛下的岩洞陵寝是我一个人监修的，谁都没有见过，谁都没有听说过。"但是现代考古学却发现：知道国王的这件头等机密的工人有一百名以上，他们大多是战俘，工程结束后就被全部杀掉了。

掠夺战俘做奴隶，并不是古埃及人的专利。事实上，人类历史是如此地相似，古时候的苏美尔人、赫梯王国、印度人、中国人，都曾掠夺战俘做奴隶，早期奴隶的主要来源也都是战俘。

苏美尔人将战俘变为奴隶，女奴被用来织布、印刷、做磨房工和搬运工，男奴则用来从事一些繁重的建筑和农业工程。

在公元前13世纪，赫梯王国一直是西亚西部的一个最大王国。这同样是一个好战的国家，人类历史上第一次有确切记录的战争，就是埃及—赫梯战争。大规模的侵略与掠夺战争，使赫梯王国的奴隶制有了很大发展。赫梯王国的奴隶，主要来源是战俘，战俘奴隶在赫梯文中被称为"纳姆拉"。

这些奴隶被强迫从事各种体力劳动，还可以被转让和买卖，由主人随意处置。考古发现的当时一段铭文中写道："奴隶如果惹主人生气，则可以杀之伤之，割鼻割耳，捕其妻子，或其兄弟姊妹，或其亲戚，可让他们为婢为奴，也可处以极刑，或跟他们的亲族一起处死，全看主人的意思。"

而在古代的中国，据古史传说，夏代的奴隶从夏启时起，就有了显著的增加。启讨灭了有扈氏，捉到俘虏就罚他们做"牧竖"（就是牧奴）。据历史记载：少康逃奔有虞氏时，他"有田一成，有众一旅"。这是什么意思呢？其实，“众”就是从事农业生产的奴隶，500 人为一旅，也就是说拥有 500 个奴隶。当时的奴隶主为了获得大量奴隶，经常向邻近的部落发动虏掠人口的战争。随着奴隶数量的猛增，奴隶制也日趋成熟了。

酷睿点评

古人的大脑真的是千奇百怪，却又惊人地相似，连折磨人的方法都大致差不多。没有什么比战俘更能见证人类早期的野蛮：因为头是智慧的地方，所以要将它砍下来祭祀神灵；将杀人当作狂欢般的娱乐节目；“死亡”这么沉重的命题，在古人眼中就跟吃一餐饭那么平常……这样的思维方式，作为一个现代人实在难以理解。但可以肯定的是：历史从来都不是温情脉脉的，它需要付出代价，有时甚至是无数的生命和尸骨。回顾这段令人胆寒的历史，恐怕每个人都要庆幸自己晚生了几千年……

二 纷乱的奴隶社会和被坑杀的战俘

奴隶社会时期，是人类历史上最轰轰烈烈的一个时期。在中国，有春秋战国的混战；在欧洲，相传几个国家为争夺绝世美女海伦，也发生了一场声势浩大的战争。很不幸，这个时期大多数战俘仍旧免不了被屠杀甚至是坑杀。更荒谬的是，早期的足球，竟然是用战俘的人头做成的。古罗马著名的角斗士也多为战俘。

被坑杀战俘毁掉一世英名的战神白起

白起是中国历史上最牛的战神之一，很多军事迷都曾经说过类似的话："论打仗，白起认第二，没人敢认第一。"尽管有些夸张，但白起的军事才能是毋庸置疑的。白起是秦昭王麾下的一员猛将，他一生经历大小战役 70 多次，在敌人都不弱的情况下，从未打过败仗。秦国在统一六国的过程中，总共歼灭六国军队大约 200 万人，其中被白起灭掉的就有 160 万左右。但是，为什么白起这么厉害，但是他的名头却远不如韩信、卫青、霍去病这些名将那么响亮呢？尽管原因有很多，但这和他坑杀战俘有很大的关系。长平"一战"中，白起坑杀 40 万名赵国降卒，酿造了中国历史上第一次大规模活埋战俘的惨案，并且至今仍被很多人所诟病。

众所周知，秦国在经过商鞅变法后，成为战国七雄中最强大的国家，并立即开始了兼并六国的战争。公元前 268 年，秦国先是派兵攻打魏国，迫使魏国归附了秦国。接着又攻打韩国，韩王很害怕，决定割让上党郡给秦国来求和。但是驻守上党的太守拒绝执行王命，想将上党十七县献给赵国，让韩、赵结成联盟来对付秦国。赵王派兵接收了上党，深深激怒了强秦，惨烈的长平大战也因此拉开了帷幕。

人物小传

白起

白起，出生年月不详，号称"人屠"，战国四将之一（其他三人分别是王翦、廉颇、李牧）、战国时期秦国名将，中国历史上自孙武、吴起之后又一个杰出的军

■公元前 11 世纪，犹太王大卫统一犹太各部落，建立以色列·犹太王国。

□公元前 11 世纪，周灭商，建立西周。

事家、统帅。

白起指挥过许多重要战役，包括：大破楚军，攻入郢都，迫使楚国迁都，楚国从此一蹶不振；歼灭韩魏24万联军，彻底扫平秦军东进之路；长平“一战”歼灭赵军45万人，开创了我国历史上最早、规模最大的包围歼敌战先例。他从最低级的武官一直升到封武安君，战绩赫赫，当时，六国军队只要听说是他带兵，就吓得望风而逃。他从未打过败仗（一次也没有），并且经常以少胜多。

由于白起杀敌太多，所以被信奉“仁”“道”的古代文人所排斥。后人往往把他称作杀人魔王，甚至有的史学家认为，白起根本就不配称作是一个名将。但白起在世界军事史上都占有非常重要的地位，是名副其实的“战神”。

公元前261年初，秦国出兵，派大将王乾率主力军很快拿下了上党，并迅速向长平推进。赵国见情况危急，紧急调老将廉颇去救援长平。两军对垒，人类历史上第一次大规模的战争开始了。长平“一战”中，秦赵双方总共投入百万以上的军队，规模空前。由于战争发生在赵国边境，赵军给养充足，而秦军则是劳师远征，补给上会有问题。因此廉颇采取了“只守不攻、以逸待劳”的作战方针，秦将王乾虽然发动了几次大的攻坚战，但久攻不下，损失惨重。

在这种情况下，秦国实施了离间计，派人用重金收买赵王左右的权臣，诬陷廉颇怯战。赵王中计，撤回了廉颇，任用了只会“纸上谈兵”的赵括。秦王见离间计得逞，立即任命能征善战的大将白起代替王乾出任统帅。赵括急于邀功，一上任就改变了廉颇“只守不攻”的战略，立即向秦军发起了大规模进攻。白起认为，赵括没有实战经验、鲁莽轻敌，于是假装撤退迷惑他。与此同时，白起还派出两支骑兵部队，在赵军的左右两翼迂回攻击，切断了赵军的退路。就这样，赵括陷入了白起的包围圈中。

白起雕像　　2－1

赵军在长平被围的消息传到了邯郸，赵国上下十分震惊，准备派兵竭力援救长平。但与此同时，秦昭襄王也亲自到河内去征集 15 岁以上男子从军，阻断了赵国的援兵。赵括的部队被围困了几个月后，缺粮断草，只得杀马充饥，甚至自相残杀，以人肉充饥。在饥寒交迫下，军队人心离散，斗志全无。赵括主导了几次突围行动，但都以失败告终，赵括本人也在突围中被秦军乱箭射死。

赵军本来就弹尽粮绝，也没有救兵，看不到希望，现在统帅也死了，于是，40 万赵军无奈之下，只好放下武器投降。由于投降的人数实在太多，白起担心这些降卒将来反叛，为绝后患，于是起了杀机，除了让其中年少体弱的 240 人回到赵国外，其余的 40 万降卒全部被活埋。40 万个生命就这样终止了，历史永远都无法轻轻地翻过这沉重的一页，白起也因此在历史上褒贬不一。

■公元前 268 年，秦国先是派兵攻打魏国，迫使魏国归附了秦国。

□公元前 268 年，印度阿育王设立“大法官”，主持佛教、婆罗门教、耆那教等事务时，特别扶植佛教，立佛教为国教。

历史事件特写：项羽坑杀秦国降卒

在白起之后不到60年，著名的将领项羽也重蹈覆辙，制造了人类历史上第二次大规模屠杀战俘的纪录。

那是公元前208年，秦国大将章邯在镇压了陈胜、吴广起义后，又攻破邯郸，赵王也被秦将王离率领的20万秦军围困在巨鹿。此时，章邯也率领20万军队驻扎在巨鹿不远处。当时，赵国也有数万军队在巨鹿北边，但由于兵力悬殊，不敢前去救援。

为解救巨鹿之围，楚怀王派两路兵马，一路以宋义为主帅，项羽为副帅，去解巨鹿之围，另一支军队以刘邦为主帅，去攻打关中，并许诺“谁先攻下关中，就封谁为关中王”。

其实，在项羽前去解巨鹿之围时，已经有十几路军队前来救援，但都畏惧秦军威力，不敢出战。项羽下令全军破釜沉舟，每人携带三天的粮食，以示“决一死战”之心，果然大败秦兵，俘虏了大批人马，连主帅王离也被俘，副将被杀。章邯走投无路，只好率军20万投降。不久后，项羽担心秦军日后叛变，便把这20万降兵活埋了。

事实上，战国时期屠杀战俘绝不仅仅只有这几例，几年前，陕西某县民工在施工时发现了一个距今2200多年的战国战俘坑。坑内有14个排列整齐的人头，以及一些文物，在人头骨的北侧还发现了多具完整的人体骨骼。据战国时期战争的历史记载，当时胜利方会割下战俘头颅，作为战利品整齐排列埋入地下。

我国古人很迷信，民间一直有“杀降不祥”的说法。事实上，历史上很多杀降的将领，最后都没有什么好下场。例如白起后来被秦王猜忌，只好自杀；例如项羽兵败自杀；例如飞将军李广认为自己一生的不得志是因为早年杀降。那么，既然这样，为什么大规模杀死战俘的事情仍然时有发

■公元前264年，古罗马出现最早的角斗表演。
□公元前264年，第一次布匿战争爆发，这是罗马征服地中海世界最为关键的战争。

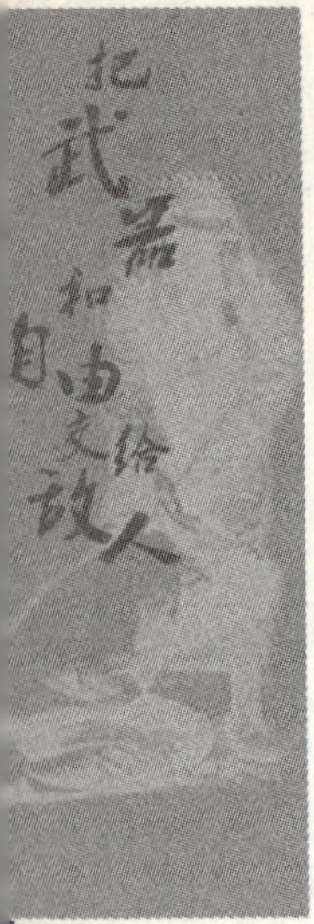

项羽雕像　　2－2

生呢？

事实上，杀不杀俘是将领根据自己能否控制战俘来考虑的。如果有完全的把握能控制战俘，就不会选择杀俘，否则就会杀掉。战争双方大多数情况下不会杀降卒，而是把他们作为自己兵源的一种重要补充。著名的白起坑杀战俘事件，也有历史学家认为，在当时的情况下，白起只能作出这样的选择，不能因此否认他的功绩。

■公元前261年初，长平之战爆发。

□公元前261年，罗马下定决心打造一支强大的海军。

曾经是商品——被作为“生口”的战俘

前面我们已经讲过了，战俘是早期奴隶的主要来源。所以尽管屠杀战俘的事情时有发生，但这并不是战俘最主要的归宿。大多数战俘，都被卖为奴隶，甚至像商品一样在市场上被展销，国与国之间，也曾以战俘奴隶作为礼物。在春秋之后，隋朝之前，古史上都将战俘奴隶称之为“生口”，“生”只比牲口差一个牛旁了，从中也可以看出战俘的地位，他们没有自由，没有尊严，像牲口一样被买卖。

关于战俘被卖为奴婢，有这么一个故事。春秋时期，鲁国制定了一道法律，如果鲁国人在其他国家看见同胞被卖为奴婢（多半是战俘），只要他们肯出钱把人赎回来，那么国家会给他们赔偿和奖励。这道法律执行了很多年，很多流落他乡的鲁国人因此得以重返故国。

孔子有个弟子叫子贡，很有钱，他赎那些鲁国奴婢后，拒绝了国家的奖励，因为他觉得为国分忧是应该的，何况自己也不需要这笔钱。按说，做好事不求回报是件好事啊。可是，孔子在知道这件事后，不仅没有夸他，反而骂他伤天害理。

为什么呢？孔子说：“世上万事，不过义、利二字，鲁国的法律，既照顾到人们心中的‘义’字，救赎落难的同胞，同时又照顾到‘利’字。事后国家给予奖励，让这个做好事的人没有损失。这样，愿意做善事的人就会越来越多，所以这条法律是善法。现在你这么做，的确为你自己赢得了声誉，但同时也拔高了大家对‘义’的要求。以后，那些赎人之后去向国家要回报的人，可能就会被人嘲笑，国人就会问他们，为什么不能像子贡一样为国分忧呢？你这么做，是把‘义’和‘利’对立起来了，所以不是好事，而是可恶的行为。”

果然，自那之后，很多人就对落难的同胞视而不见了。因为他们没有子贡那么有钱，如果赎人后回去向国家要补偿，又会被人骂，很多鲁国人于是不能返回故土了。

从这个故事中，我们也大概可以看出，当时的战俘被卖做奴婢，是很平常的事情。事实上，奴隶社会时期，国与国之间发生战争，掠夺战俘做奴隶是其中最重要的目的之一。一直到三国时期，战俘也是奴婢的来源之一。历史上有这样的记载：曹魏文帝时期，镇西将军曹真命众将及州郡兵讨伐胡治元等多处叛乱，斩首五万余，获生口十万，羊一百一十一万口，牛八万。这里的“生口”，就是战俘奴隶。我国古代的瓷制艺术品，有件叫“古代青玉胡人战俘甬”，描述的就是战俘被拿到市场上买卖的情形。战俘们的胸部、四肢均被绳索捆绑，一脸无奈的表情。

罗马奴隶市场绘画　　2-3

事实上，将战俘变成奴隶，甚至像牲口一样被买卖并不是中国的专

■公元前73年，斯巴达克斯起义爆发。
□公元前73年，戊申，汉宣帝刘询即位，史称本始元年。

利，是世界文明早期的通用法则。在古希腊、古罗马、古埃及、古印度、古巴比伦，都非常普遍。这些奴隶被主人任意打骂、责罚，甚至杀死，主人们有时还会在奴隶的脸上刻字。

根据《倭人传》记载，公元239年，倭女王还把“生口”作为贡品，和班布、倭锦一样，献给中国皇帝，以换取赐品。当时，日本国内有一个奴隶制王国是邪马台国，战俘奴隶是最低贱的阶级，没有人身自由，甚至被当作殉葬品。《魏志·倭人传》中记载说：“卑弥呼以死，大作冢，径百余步，殉葬者奴婢百余人。”

西方战俘与角斗士的繁荣

提起角斗士，几乎无人不晓，它几乎成了古代西方文明的一个标签。著名影片《日耳曼角斗士》中，讲述了在罗马帝国统治下，一对沦为战俘的兄弟被送到角斗场，经历艰难波折，尝尽爱恨情仇，最终恢复自由身的故事，受到了很多人的喜爱，也引起了许多人的好奇心。历史究竟是怎样的，角斗士都是战俘吗？

有关罗马角斗士格斗的最早记录可追溯至公元前264年，当时的角斗士大多是战俘，他们被迫在著名的贵族朱尼厄斯的葬礼上拼死搏杀。角斗表演是古罗马帝国的一种时尚，大大小小的角斗场遍布在整个国家。在众多的娱乐项目中，充满暴力和血腥的角斗表演是最受贵族们欢迎的项目。罗马人对角斗表演的痴迷持续了大约500年的时间。一般来说，角斗士的社会地位比奴隶略高。有些角斗士也成为超级明星，被当时的贵族妇女崇拜。据说，皇帝科莫德斯的母亲就曾经为角斗士马提诺斯疯狂过，历史学家们还了解到，角斗士塞拉蒂斯的风头就好比现在的中球明星贝克汉姆。

但这并不能掩盖角斗比赛的血腥和残忍，几乎每次比赛都是以性命相

■公元前52年，高卢首领沃辛·盖托·瑞克斯向恺撒投降，罗马强迫许多战俘成为角斗士。

□公元前52年，珠崖（今海南琼山）郡反。四月，汉遣护军都尉张禄率兵击之。

搏。如果格斗双方同意“私了”比赛，也就是说他们都认为某一方会取得胜利而认输讲和，那么裁判就会派奴隶用皮带抽打或用火红的烙铁威胁他们。这种做法很受观众的欢迎，当鲜血开始流出时，大家都欢呼声鹊起。

如果比赛输了会怎么样？倒地的角斗士会举起左手求饶，如果这个人格斗很出色，观众们也许会让他活下去。场上的人举起大拇指高喊“让他走！”如果角斗赛举办者同意，这名角斗士就会获得赦免。但是，如果观众认定那人表演拙劣，失败者就大祸临头了，人们的大拇指朝下并高喊“杀了他”，然后等待角斗赛举办者最后的决定，当他也把大拇指朝下指时，就是这名不幸的角斗士死亡的信号。他的对手会就地处决他，人们在一旁大喊：“他完了！”

在比赛结束时，竞技场上遍布着鲜血和尸体。那些死去的角斗士会被抬往停尸房。在那里，他们的喉管会被割断。这么做是为了确保他们真的死了，而不是装死。

古罗马圆形大剧场（斗兽场） 2-4

所以最开始，角斗士基本上都是战俘、罪犯和奴隶。高卢首领沃辛·盖托·瑞克斯在公元前52年向恺撒投降，罗马强迫许多战俘成为角斗士。但后来，也有人自愿成为角斗士，去追求死亡的荣耀。在罗马帝国体制下，

■公元132年，巴勒斯坦再次发生了大规模的犹太人大起义，史称“第二次犹太战争”，但同样宣告失败。

□公元132年，张衡首创了世界上第一架地震仪。

贵族、皇帝甚至妇人都会格斗。喀利古拉皇帝是古罗马帝国历史上有名的暴君，他的角斗士甚至被训练得不能眨眼睛。喀利古拉有时会与他们练习格斗，练习时，角斗士用的都是木剑，但他自己用的是真剑。有一次因为有一整队的角斗士嘲笑他，他就把所有人全部丢去喂野兽。

有压迫就有反抗，在这种悲惨的处境下，自然会有角斗士起义发生，其中最著名的就是斯巴达克起义。当时，屡立战功登上皇帝宝座的苏拉，为庆祝胜利而举行空前隆重的大典，每日享用盛筵，观看斗兽。斗兽场中每天都充斥着这样的画面：几十头饥渴交加的猛兽从铁笼中冲了出来，长啸着，张开血盆大口，向场上的斗兽士冲去。一时间猛兽扑人，勇士斗兽，场上腥风血雨，呐喊声，咆哮声，惊叫声，喝彩声，响成一片。达官贵人们陶醉于这种残酷的竞技中，没多久，就有九千头猛兽被杀，两千名角斗士死亡。

参加此次斗兽的角斗士中有一个人叫斯巴达克，他曾经是一个自由人，因在一次反对罗马人侵略的战役中，不幸沦为战俘，做了奴隶，并成为角斗士。公元前 73 年的某一天，他在经过几番搏斗后，已经多处受伤，眼看着同伴们一个个悲惨地死去，观众的喝采声更让他感到愤怒。最后，他联合了剩下的角斗士杀出重重包围，引发了震惊世界的斯巴达克起义。在斗争中，起义队伍不断发展壮大，很快就达到了一万人。后来，不止是角斗士，许多奴隶和破产的农民，也加入了起义队伍。最终，罗马军队的统帅克拉塞斯将军平定了叛乱，斯巴达克战死。在凯旋的路上，将军下令把 6000 名战俘钉死在十字架上。

人物小传

斯巴达克

斯巴达克（约前 120 年—约公元前 70 年），本是希腊东北的色雷斯人，生得英俊健美，勇毅过人，罗马侵入北希腊时，他被俘虏，并被卖为奴隶。因为他聪明、体格健壮，主人把他送进角斗士学校。在角斗士学校，他成了角斗士们的精神领袖。他利用一切机会劝说角斗士们为自由而死，而不是成为罗马贵族取乐的牺牲品。

他组织了200多个角斗士准备暴动时，不慎泄密，于是决定提前行动，结果有78人成功冲出虎口。起义队伍由70余名角斗士很快发展为十余万人，并多次战胜罗马军队。公元前72年，斯巴达克率军在摩提那会战中击溃了卡西乌斯总督的军队，然后又挥师南下。

罗马元老院宣布国家进入紧急状态，命令克拉苏统率大军前往镇压，当年秋，起义军在布鲁提亚战役中遭受重大损失。罗马军队四面围剿，终于在阿普里亚决战中将起义镇压下去，斯巴达克战死。

斯巴达克虽然失败了，但他主导的这次大起义在历史上影响深远，为他赢得巨大的声誉。马克思称他是“伟大的统帅，古代无产阶级的真正代表”，列宁也赞誉他是“最大一次奴隶起义中的一位最杰出的英雄”。

不可思议：足球比赛最早用人头

足球是全球最风靡的一种运动了，不过，恐怕很多人都没有想到吧，足球最早起源于战争。今天被人们争相追捧的足球，最开始时竟然是用战俘的人头来踢的，其目的并不是娱乐或运动，而是为了泄愤。

关于足球的发源地，一直都众说纷纭，很多国家都说足球发源于自己国家。一般认为，中国是足球的鼻祖，早在战国时期，中国就发明了一种类似于今天足球的运动——蹴鞠。不过，由于封建社会的局限，古代的蹴鞠活动没能发展成以“公平竞争”为原则的现代足球运动。这个质的飞跃是由英国完成的，英国是现代足球的发源地。

这里有一个传说：古代的英国人之间曾有一种野蛮的踢人头游戏，英伦三岛上最早的足球比赛中，使用的“球”是人头。人头的来源，历史学家们推测，一是被割下的战俘的头颅，二是罪犯的脑袋，另一种说法是，丹麦人的人头。这个举动，源于一场战争。公元1017年至1042年，丹麦人占领了英格兰。最后，英国人历尽艰辛，终于将侵略者赶了出去。有一天，英国人在清理道路时，发现了一个丹麦侵略者的骷髅头，想起以前丹麦人的种种罪恶，这些英国人很愤怒，抬脚狠狠地冲着骷髅头踢去，大家你一脚我一脚把骷髅头当球踢。没踢多久，骷髅头就踢碎了。大家意犹未尽，突然意识到这可能是一个很有意思的娱乐活动，于是干脆杀了一头牛，把牛的膀胱吹足气，继续当球踢，并慢慢地演变成了今天的足球。

事实上，踢人头并不是英国人的专利，在古代，打仗时，为了鼓舞士气，帮助士兵消除恐惧，经常会把对手尸体上的头颅割下来，或是直接将活着的战俘头颅砍下来当球踢、士兵们围成一圈，疯狂吆喝，把人头做成的“球”踢到对方脚下。这可以从很多民族的古代战争中找到蛛丝马迹。

足球最开始并不是用踢的，而是用抢的，是军中的一种“抢夺运动”：抢到敌人的首级就可以论功行赏。古代在核定俘虏和杀敌数目上，并不是以整个尸体来算的，而是数人头，人头越多战功越大。在我国商周时期，衡量的标准是“馘”，也就是割去战俘的左耳朵，如《逸周书·世俘》记载，周武王在牧野之战中杀死商纣王归来后，举行献俘大礼，就是“馘先入”。

从中可以看出，古人将战俘的头颅砍下来，实在是很平常的事情，当球踢也就不足为奇了。后来，古人可能觉得人头太沉，而且踢不了几下就烂了，于是对足球进行了改装：将战俘或动物的膀胱挖出来，吹足气后，便成了球，并且踢起来既轻便，又耐用。

为什么会将人头割下来，为什么会将敌人的人头当球踢呢？其实这还与古人们对人头的崇拜有关，早期的人们认为脑袋是智慧的地方，有某种灵性，糟蹋敌人的人头，才可能彻底征服他。因此在人类早期，世界各地都有割下战俘人头的习俗。例如，周武王打败纣王后，便将其头割下来，悬挂在旗杆上祭旗。

中国古人到底有没有把人头当球踢，无从考证。关于古代蹴鞠的产生，有一种说法是，它与欧洲古时的“抢夺运动”一样，最早也是在军中出现的，是古代军中进行对抗训练时使用的一种项目。据说，这个训练方法是黄帝发明的，并且持续到清朝。还有一个说法是，蹴鞠的产生源于打猎。公元前307年，赵武灵王改革，推行“胡服骑射”，很多赵国人学会了骑马射箭。赵王自己也经常带着随从去打猎，有一天，他们在树林中看到了许多野兔，国王兴致大发，要“抓活的”。于是大家兵分四路，联合围捕兔子，大家追得不亦乐乎，野兔横冲直窜，纷纷从缝隙中逃去，一无所获，但国王却被逗乐了。于是，一个谋士上前献计：我们不妨用球代替兔子，不出宫门也可以天天玩。于是，蹴鞠运动便在中国诞生了。正因为如此，很多学者都认为，英国人的足球是从中国人手中学的。

几年前，考古学家的一个惊人发现证实：文明的玛雅人，也曾经将人头当球踢。从发现的科潘古城遗址中，科学家们推测，美洲的远古居民玛雅人，常常用天然橡胶将死者包裹起来，在潮湿的热带丛林中将人制成木乃伊，他们还曾经用战俘的人头做成球当游戏玩。

犹太人的散落——巴比伦之囚

全世界都知道，犹太民族是个非常聪明、非常优秀的民族，犹太人天生具备商业头脑，还有许多举世闻名的发明创造。但我们也同样知道，这个民族历经苦难，它曾先后被很多民族征服，甚至在很长的时间里，没有自己的国家，流落在世界各地。

为什么犹太人那么重视宗教，将耶路撒冷作为自己的圣城，这其实也和囚徒生涯有关。据说，他们曾定居埃及数百年，吃尽了苦头，后来在一位名叫摩西的领袖的率领下逃出埃及。之后又在西奈半岛的沙漠地区漂泊了许多年，但紧接着又被其他民族所灭，遭受了几十年国破家亡、任人宰割的囚徒之苦。历经艰辛的犹太人，幻想能有一位“救世主”，把他们从水火中拯救出来，帮助犹太人复国。他们信奉耶和华为唯一真神，这就是犹太教。由于战争和奴役，犹太人被迫散在世界各地，但他们都把坚信犹太教作为民族认同的根据。

犹太人沦为俘虏的历史经常上演，最著名的就是历史上的“巴比伦之囚”事件。犹太人是怎样被俘到巴比伦的呢？这得从犹太人的历史说起。

在叙利亚与埃及之间，有一条狭长的丘陵地带。它东边是约旦河与死海，西边是地中海。后来，腓力斯人攻占了这块地方，并在这里定居下来。由于古代希腊人称腓力斯人的居住地为巴勒斯坦，于是这块地方被改称为巴勒斯坦。这里原先住着说塞姆语的迦南人和其他部族，后来有一支说塞姆语的游牧部族希伯来人迁移到了这里，就是后来所称的犹太人。他们与迦南人长期冲突后，逐渐混合杂居。其中以色列部落居住在北方，犹太部落居住在南方。

公元前 11 世纪，犹太王大卫统一犹太各部落，建立以色列・犹太王国。后来，他又赶走腓力斯人，并从迦南人手中夺取耶路撒冷。大卫死后，他的儿子所罗门即位，国力进一步得到发展。他们在耶路撒冷的锡安山上建造豪华宫殿和耶和华神庙，并号召流散在世界各地的犹太人集中在锡安山周围。但这一时期，王国内部出现矛盾，所罗门死后不久，国家分裂成了以色列王国和犹太王国两个国家。

人物小传

所罗门

所罗门，古代以色列国王，生于公元前 1000 年，死于公元前 930 年，是大卫的儿子和继承人，约公元前

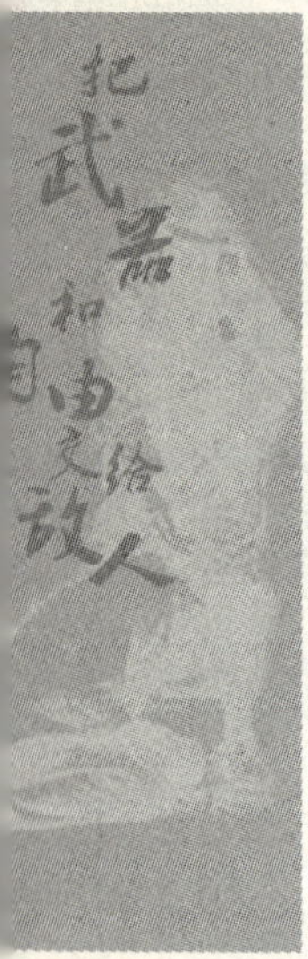

960 年—前 930 年在位。所罗门的父亲大卫开创犹太王国，所罗门继承王位以后消灭他的政敌，并将他的朋友安插在军队、政府和宗教机构，并通过联姻加强自己的地位。他与各地国王的女儿和姐妹成亲，其中有一个是埃及法老的女儿，法老攻占并焚毁迦南人的迦萨城，把它送给所罗门。

所罗门建立的贸易网络后来成为犹太人在外聚居区的核心，他还兴建了耶路撒冷城墙和圣殿。他以贤明著称，还是一位有名的诗人，写过 1000 多首诗歌，相传《圣经》中所收《雅歌》和《箴言》就是他写的。他从小就非常聪明，现在人们称赞一个人的聪明才智，常用“所罗门的智慧”来形容。

所罗门当政时期是以色列与犹太联合王国的巅峰期，他在位时，耶和华圣殿和王宫相继在耶路撒冷建成，他被视为古代以色列最伟大的国王。但他晚年奢靡无度，沉迷女色，导致国家衰落。

公元前 722 年，亚述帝国国王萨尔贡二世攻陷了以色列王国，俘虏了 27000 多人。存在了 200 年左右的以色列王国，便从历史上消失了。犹太王国的国王以进贡的方式，保住了王位，成为亚述帝国的附属国，但受苦的日子并没有结束。之后，犹太王国又陆续被古埃及、新巴比伦王国、波斯帝国、亚历山大帝国、西罗马征服。

新巴比伦王国国王尼布甲尼撒二世于公元前 597 年、公元前 586 年，两次攻占耶路撒冷，灭掉了犹太王国，并将所有的贵族、祭司、商贾、工匠一律作为俘虏，成群结队地押解到巴比伦城，只剩下一些极贫苦的人留在那里种植葡萄园，耕种田地。这就是犹太历史上著名的“巴比伦之囚”。直到公元前 538 年，波斯帝国的创立者居鲁士攻占了千古名城巴比伦，释放了犹太人，他们才得以回归故国。

但 500 多年后，他们又遭遇了一场更大的灾难。公元 66 年，罗马皇帝提图斯攻陷了这座城市，将老弱残兵与平民全部杀死，并且纵火焚烧了所

耶路撒冷古城　　2－5

有建筑，如犹太人会堂。之后，提图斯命令停止屠杀，将没有杀死的七万名犹太俘虏全部卖去为奴。犹太统帅约翰带领部下隐藏在一个下水道里，但仍然被发现。约翰投降，其他人除少数奋战至死外，多数也做了俘虏，并被卖作奴隶。后来，罗马人在神庙区里找到了另一个统帅西蒙，他身穿白色的僧侣外衣，安静地坐在一片废墟上面，罗马人立刻抓了他。后来，西蒙被处以死刑，约翰被判终生监禁，最后在地牢里活活饿死。

在这场战争中，罗马人一共俘虏了97000名犹太人。他们的结局非常悲惨，数千人成为角斗士，死在了角斗场上，几千人被活埋或钉死，一万多人被卖去挖掘矿井，剩下的大多数人被卖到罗马当奴隶。这群俘虏中，很少有人能活过三年的。耶路撒冷虽然陷落了，但犹太人的斗争并没有结束，最后守住堡垒的966人，包括男人、女人、老人、小孩，全部自杀，没有一人投降做俘虏，他们的英勇让罗马人唏嘘不已。

公元132年，在巴勒斯坦再次发生了一次大规模的、震动罗马帝国的犹太人大起义，史称“第二次犹太战争”，但同样宣告失败。罗马皇帝哈德良在耶路撒冷建了命名为爱利亚·卡皮托林纳的新城，并禁止任何犹太人进入。从此，犹太人的历史进入了向全世界流散的时期。

酷睿点评

没有什么比罗马斗兽场的狂欢更能体现人的动物本性：好斗、嗜血、追求刺激……直到今天，文明的现代人中，仍然有克制不了这些原始欲望而陷入灾难的。很难想象，在鲜血和尸骨中狂欢，那是一种怎样的情形。但可以肯定的是，单凭这一点，西方人再也无法指责我们是“野蛮人”，尽管他们一直都在玩着“贼喊捉贼”的把戏。

三

封建时期中国战俘：浮沉的见证

中国历史纵横几千年，“分久必合，合久必分”是不变的历史规律。在历代的农民起义和改朝换代中，出现过大量的战俘，有些君王曾经也沦为战俘。值得一提的是，尽管此时人类已经进入到了比较文明的时期，但是屠杀战俘的事情仍然时有发生。

古罗马战俘消失之谜——汉朝曾与罗马交手？

西汉末年，当古中国正在奋力抗击匈奴的时候，欧洲的古罗马也在经历着一场剧变。公元前55年，与恺撒大帝、庞培同称为罗马三巨头的克拉苏亲政，不久，他就发动了一场战争，率领数十万大军东征安息。不幸的是，他在卡尔莱战役中惨败，几乎全军覆没，只有6000余人突围。但是这群突围的人却离奇失踪，成为欧洲史上的千古悬案。

这群人到底去了哪里呢？历史学家们后来从中国的史书上发现了一点线索。根据《汉书》记载，公元前36年，西汉西域都护甘延寿、副校卫陈汤率4万大军与北匈奴展开了一场激战，大胜，俘虏了一千多名匈奴兵。在这群俘虏中，有一支会摆“鱼鳞阵”，并且会在“土城外修木城”的外来军队。陈汤将俘虏全部收编，驻守西陲。后来，西汉政府还专门在这里建了一座叫骊靬的城来安置他们。

人物小传

克拉苏

克拉苏（公元前115年—前53年），古罗马军事家、政治家。他曾经是当时声名显赫的罗马首富，通过奴隶贸易，经营矿产，投机地产买卖，及非法夺取其他人财产等手段积攒下万贯家财。他的名言之一是：一个无力用自己的财产维持一支军队的人，算不上是一个富人。

■公元前55年，与恺撒大帝、庞培同称罗马三巨头的克拉苏亲政。

□公元前55年，汉设置西河（今内蒙古伊克昭盟东）、北地（今甘肃庆阳西北）属国，以安置匈奴降者。

他曾帮助苏拉在内战中夺权建立独裁统治。公元前72年至公元前71年，斯巴达克率奴隶爆发起义，克拉苏带领罗马军队残酷镇压。苏拉隐退后，他和庞培、恺撒合作，组成三巨头政治同盟。此后，他因嫉妒恺撒在高卢所取得的战功，于公元前53年发动了对安息帝国的战争，但遭到惨败，在卡莱战役中全军覆没，他本人也被安息帝国俘虏。传说中，安息人是用熔化的黄金灌进他的喉咙里，将他杀死的。

“鱼鳞阵”是一种用圆形盾牌连成鱼鳞形状的防御阵式。这种阵式只有古罗马军队采用，而且时间上也大致吻合，所以引起了中外学者的广泛关注。一位澳大利亚的历史学家经过多年研究，认为这支会摆“鱼鳞阵”的奇怪军队，就是古罗马消失的那6000余人。这支突围逃脱的部队几经辗转，逃到了北匈奴占领的地方，归顺了单于，后来和北匈奴兵一起成了西汉的战俘。

骊靬古城遗址　　3－1

这一发现引起轰动，全球不少考古学家对此进行考证，通过实地勘测，终于找到了骊靬古城的确切方位，发现那里至今仍有数处古城堡遗址。在

■公元前36年，西汉西域都护甘延寿、副校卫陈汤率4万大军与北匈奴展开了一场激战，大胜，俘虏了一千多匈奴兵。
□公元前36年，高句丽开国国君，东明圣王高朱蒙，降服上游国家沸流国，公元前19年去世，时年四十岁。

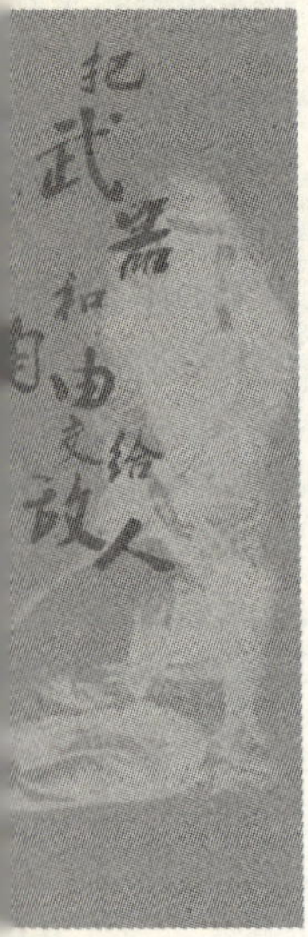

离古城不远的村庄，人们发现了一些具有典型外国人特征的居民，他们高鼻梁，深眼窝，金黄头发，身材魁梧，和当地土著有明显不同。有关专家以此为证据，认为当年古罗马的确曾与西汉交手，这些居民可能就是当年的罗马战俘与当地民族通婚后的后裔。然而也有人对此提出了质疑，因为观察这些居民的后代，其相貌特征和普通的中国人并没有什么不同。西汉距离现在近2000年，就算真的有古罗马战俘与当地人通婚，也至少繁衍了50代以上，相貌特征早就变异，因此这些看似“外国人”的，不太可能是罗马人后裔。

不过，尽管如此，这群神秘的古罗马战俘在中国的由来，仍然成为一个国际话题，并一度成为各国学者研究的方向。早在几十年前，牛津大学的德效骞就曾研究过这个问题，并于1940年在学术刊物《通报》上发表，题目为《公元前36年中国人与罗马人的一次军事接触》。随后，他又加以补充，写成《古代中国境内的一座罗马城》。

而中国的一些学者和教授，似乎找到了更多的证据。《后汉书》中有这么一句：“汉初设骊靬县，取国名为县。”要知道，“骊靬”正是当时中国人对罗马的称谓。有专家在古城遗址发现汉代墓葬，有4件完整的灰陶、陶灶和陶仓，遗体的头骨旁有一撮毛发，呈棕红色，遗体下面有一枚红色纽扣。经考古论证，墓主为汉代的欧洲人。村民们还曾挖出写有“招安”二字的椭圆形器物，专家认为，这可能是罗马降人军帽上的顶盖。

有关学者通过研究还发现，当地民俗具有古罗马遗风。例如，他们的葬俗与众不同，在安葬死者时，不论地形如何，一律头朝西方，而这正是面向古罗马的方向。当地人对牛十分崇尚，且十分喜好斗牛。村民们在春节时都爱做牛头形馍馍，俗称“牛鼻子”，供祭祀之用。放牧时，村民们特别喜欢把公牛赶到一起，想方设法让它们角斗，这些都和古罗马人十分相似。

尽管这个谜团仍然未能解开，在正史中，关于这段历史仅仅只有不到200字的简单描述，但作为人类历史最早的“漂洋过海”的战俘，他们却

■公元前98年，李陵战败被俘。

□公元前98年，被称为五贤帝中第二位的图拉真继任罗马帝国皇帝。

引起了现代人的广泛关注。他们虽然在战争中遭到失败，但他们却有着顽强的生命力，辗转数千里，成了中国历史上最早的西方“移民”。

最富传奇色彩的战俘——李陵的是与非

李陵，一个备受争议的名字，一个死去近两千年，却仍然让许多人挂念的名字。他出生于将门世家，是飞将军李广的孙子。他天赋将才，带兵有方，本应纵横沙场，成为一代名将而流芳百世。但是造化弄人，他却偏偏成了中国封建史上最有名的战俘。在中国封建社会的道德观里，一直都将“忠”和“义”看得比生命更重要，“文死谏，武死战”历来都是文人士大夫的信仰和抱负。因此，对于一个将士来说，如果不能凯旋，那么“马革裹尸还”才是最好的结局，投降是万万不可的。但李陵却是中国封建社会的一个异数，在忠奸分明的帝制时代，他虽然变节了，却又被后人深深同情。太史公司马迁由于为他求情，触怒了汉武帝，而被处以宫刑。一代词人辛弃疾更是为他写下催人落泪的千古名篇《贺新郎》：“将军百战声名裂。向河梁、回头万里，故人长绝。易水萧萧西风冷，满座衣冠似雪。正壮士、悲歌未彻。啼鸟还知如许恨，料不啼清泪长啼血。谁共我，醉明月？”从此，“将军百战声名裂”成为脍炙人口的名句，也成了后世人们哀叹那些久经沙场却不得善终的将领的最好注脚。

还是从李陵被俘的那场战役说起。公元前99年的秋天，汉朝和匈奴展开了一场大战。李广利率骑兵三万人出塞，进击匈奴右贤王的根据地天山，当时的李陵正担任骑都尉，率领五千人在附近一带教习射箭之术，以防备匈奴。于是，汉武帝把李陵召到长安，让他保护李广利兵团的后勤补给线。但李陵却主动请求出战，向北深入单于王庭。他说：“我所率领的官兵都是

■646年，高丽曾经派使臣带来两名美女作为谢礼献给唐太宗。
□646年，日本政府重用回国的遣唐使，进行了一场改革，史称“大化革新”。

绘画苏武和李陵　　3－2

勇士、奇才、剑客，他们勇气过人，射箭百发百中。我愿意率五千人出战，分散匈奴的注意，配合李广利。”

人物小传

李陵

李陵，生年不详，死于公元前74年，字少卿，汉族，陇西成纪（今甘肃静宁南）人。西汉将领，李广之孙。公元前99年，被选任为建章监，侍中。箭法很好，有其祖父的风范，因而被称誉。随后，李陵原本受命带领五校兵，增援李广利攻打大宛。刚走到塞上，李广利的军队已经回来了。汉武帝更改诏命，令李陵率领五百人出敦煌迎接李广利凯旋。

公元前98年，李陵与韩延年领五千步兵进攻匈奴，牵制匈奴军力，以协助李广利的西路作战。在浚稽山遭

■659年，薛仁贵与其他几位将领一起，与高丽军队激战于横山。

□662年，圣贞女教堂建立，其地面上的马赛克镶嵌画别具一格，描绘了古希腊的戏剧场景，世界上只有马德巴、罗马和君士坦丁堡三座城市有这样的图案。

遇单于主力三万骑兵，因敌我悬殊，箭矢用尽，叛徒出卖，没有援军而战败，突围失败后投降匈奴。

公元前89年，李陵率领匈奴军三万骑在浚稽山追击汉朝军队，被御史大夫商丘成率两万人击败。公元前86年，霍光与上官桀遣陇西任立政等三人出使匈奴，迎李陵还汉，被李陵拒绝了。公元前82年，苏武返回汉朝，李陵送别，并作《别歌》。公元前74年，李陵病逝于匈奴。

汉武帝准许了他的请求，但也告诉了他："这次动员的军队太多，没有马配给你。"李陵很自信，回应说："用不着马，我愿意以少击众，用五千步兵，踏平匈奴王庭。"刘彻于是命路博德做李陵的后援，负责接应掩护。路博德羞于当李陵的助手，上奏说："秋季将临，匈奴草长马肥，正是兵力最强之时，不如等到明年春天再出发。"这番话让汉武帝多疑的毛病又犯了，他认为是李陵胆怯后悔，教唆路博德帮他说话，震怒之中下令李陵于九月出发。

兵力不足，缺乏战马，援军不力，孤军深入，还得不到帝王的信任，李陵就在这样的情况下出征了。很不幸，很快他就陷入了匈奴三万大军的包围圈中。在如此敌强我弱，陷入重兵包围的情况下，李陵毫不慌乱，表现出了出色的军事才华。他把部队集结在两山之间，用运粮车结成车阵，前排战士手持盾牌长戟，后排则埋伏弓箭手。李陵自己则率领精锐在车阵外列阵应敌，匈奴兵团见汉军人数很少，直扑过来，前排战士迎战后返回战壕，等匈奴追击时，后排突然万箭俱发，匈奴死伤惨重，李陵斩杀数千人。

这一仗打得非常漂亮，单于大为震惊，集结八万余人再发动攻击。在实力如此悬殊的情况下，李陵只好边战边退，但是缺少战马，形势很被动。将士们每前进一步，都要面对匈奴骑兵，浴血奋战，很快又被包围。

又过了些日子，部队死伤惨重。但尽管这样，他还是带领残兵反攻，斩匈奴士卒三千余人，成功突围。单于大为震惊，他万万想不到，对方在

■660年，契丹联合奚族共同反唐，薛仁贵在黑山大败契丹，活捉了统帅及一干首领。

□660年，高丽内战。

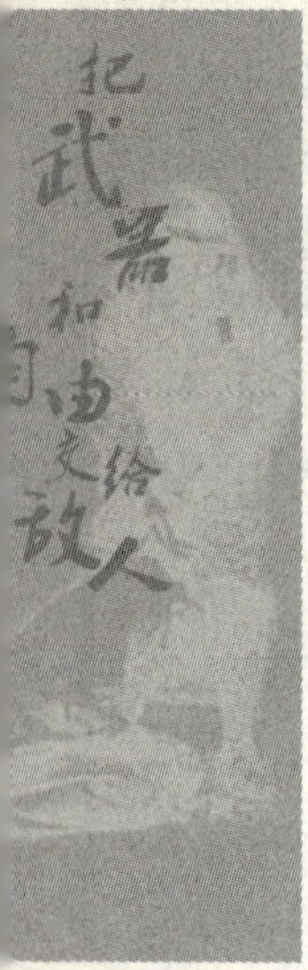

这样的情况下还能临危不乱，而自己的精锐骑兵，苦战多日，伤亡惨重，居然拿不下一支五千人的汉军，以后还怎么立足？

然而，就在此时，李陵的一位部下投降匈奴，暴露了李陵的实力，告诉匈奴李陵并没有后援，前面也没有埋伏，箭也用光了。于是单于率领几万人的大军御驾亲征，誓要吃掉这支几千人的小部队。

在经历又一翻血战后，战士还剩三千人，刀枪已折，只好砍下车轴当武器，文职人员拿着刻字的笔刀，一齐退入峡谷。匈奴人将巨石推下山谷，战士死伤无数，无力再战。夜半，连战鼓都敲破了，不能发声。李陵无力支撑，只好投降，成了匈奴人的俘虏。

有人质疑，李陵为什么不战死或者自杀呢？事实上，在突围前夕，有军吏劝过他："将军威镇匈奴，失败是运气不好，就算你做了俘虏，以后还有机会逃回去。赵破奴也曾经做过俘虏，后来逃脱，何况你呢！"当时，李陵回答十分决绝："你不要说了！如果我不死，就算不上真正的壮士。"在投降之前，他也痛苦地说："无面目报陛下！"但为什么他最后还是投降了呢？一般人都认为，当时李陵的确希望能有机会日后逃脱，继续效忠于汉室。

但是朝廷并不这么认为，在得知李陵战败投降的消息后，汉武帝大怒。群臣也都认为李陵有罪，只有司马迁为他求情："李陵平时孝顺母亲，对士兵有恩信，他是一个忠心的人。之所以不死，一定是想寻找适当的机会再报答汉室。"汉武帝很生气，将司马迁打入大牢，并处以腐刑，这件事，历史上称之为"李陵事件"。随后，汉武帝将李陵一家灭门，李陵的老母、妻子、子女和兄弟无一人幸免。

成为战俘的李陵，在匈奴却得到了单于的礼遇，不但把自己的女儿嫁给他，还将他封为右校王。然而李陵自己却饱受良心的谴责。他也曾代表匈奴出战，与汉朝交过一次手，那是公元前 90 年，李陵奉单于之命，率 3 万匈奴精兵追赶汉军疲兵，然而以李陵的军事才能，却无功而返，这不能不说他的心仍在汉室，并不想与汉室为敌。

■公元 751 年，唐朝大将高仙芝率军与大食（阿拉伯帝国）在中亚重镇怛罗斯（今哈萨克斯坦）开战。

□公元 751 年，欧洲进入加洛林王朝时期。

汉昭帝即位后，辅政大臣霍光和上官桀都是李陵从前的好朋友，于是派人出使匈奴，想接李陵回来。此时的李陵已经身穿胡服，将头发结成椎形的髻。面对汉使的归劝，李陵沉默了很久，黯然回答："吾已胡服矣！"并对旧友说："老兄，回去很容易，可是我怕再次受辱。"但是，当苏武回国时，李陵去送他，却说了这样的话："走过万里行程啊穿过了沙漠，为君王带兵啊奋战匈奴。归路断绝啊刀箭毁坏，兵士们全部死亡啊我的名声已败坏。老母已死，虽想报恩何处归！"一番说唱点出了他的心思，他不是不想归，但是老母已死，家破人亡，他无家可归。

李陵虽然在异族过着优裕的生活，心中却总是郁郁难平。"大漠的流沙，草原的长风，李陵的身影孤独地站立在血色夕阳下。"辛弃疾的这首词，非常恰如其分地描述了李陵在匈奴的俘虏生涯。公元前 74 年，他终于病死在遥远的大漠，结束了他悲剧的一生。

唐朝战俘见证辉煌

唐朝无疑是中国历史上最辉煌的一个朝代，不仅经济文化都处于世界巅峰，也征服了不少外来民族。当胜利的唐朝军队横扫各个野蛮人部族时，大批战俘也进入唐朝境内。从蒙古草原和西域的荒漠中，唐朝军队获得大批突厥战俘，在战俘中比重最大，东北的高丽民族中也有不少人沦为战俘，被送给皇帝的宠臣们，为他们做苦工。公元 645 年，在唐朝征伐高丽的战役中，有 14000 名辽东城的居民也被当成战俘收为奴婢，直到后来唐太宗格外降恩，才得以放免。

与前几个朝代不同的是，唐朝的军队每一次凯旋时，都要举行受降仪式。仪式上，军士们先将这些俘虏在居民们面前示众，向居民邀功，然后由得胜的将军献给天子和太庙中的祖先。将军身穿游牧骑士的服装，他的

■公元 794 年，在中国工匠的指导下，阿拉伯帝国在都城巴格达建立了新的造纸工场。
□794 年，日本恒武天皇迁都平安京，奈良时代结束，平安时代开始。

部队全身甲胄，停在都城的东门之外。东门外排列着身穿盛装的神策军，他们是来欢迎凯旋者的。当典礼官发出信号时，凯旋仪式就开始了。走在前面的是两列骑马的军乐队，演奏着箫、笛、筚篥、笳、鼓、铙等乐器，凯旋行列中还有一支合唱队，演唱专门为这种盛大的场合而准备的四首颂歌。他们唱的凯歌叫《贺朝欢》，歌词如下：四海皇风被，千年德水清。戎衣更不著，今日告成功。

有些颂歌中还专门设计了舞蹈动作，有一百二十八名身穿银铠的童子参加舞蹈。在君王完成祭祖、谢恩的神圣仪式后，乐队再次开始演奏，军士们重新接受颂歌的赞美。最后被带进来的是那些垂头丧气的俘虏。据说，朝廷这样做的目的是要人们知道，如果效法这些俘虏，与唐朝为敌，将会有什么样的下场。

古代受降仪式　　3－3

唐太宗去世之后，他的继承人唐高宗为了庆祝俘获西突厥叶护阿史那贺鲁的胜利，在凯旋盛典中采用了一种新的仪式。他首先将西突厥王室的俘虏敬献给昭陵的太宗之灵，然后再根据惯常的礼仪，在太庙举行献俘仪式，并在太庙前大会文武百僚、夷狄君长。这种新奇的做法也许是对古代习俗的恢复，也就是将被击败的国王作为祭品杀戮，以用来祭祀皇室的祖

■1127 年，“靖康之耻”中宋徽宗、宋钦宗二帝一起被俘。

□1130 年，意大利籍人依诺森二世被选为教皇。

先。于是，高宗又一次开创了杀俘祭祀的先河，唐朝后来的君王都曾效仿。塔什干王的命运就是这样，他在公元750年被唐朝高仙芝将军俘虏，然后被杀掉祭祖。

但并不是所有的异族首领俘虏都会被杀死，最明显的例子是西突厥首领都曼。他于公元660年被俘，由于唐朝大将军苏定方亲自为他申辩，结果得到了宽赦。有时，贵族俘虏还有幸会获得意想不到的殊荣。例如龟兹王于649年被俘，不仅赦免，而且被授予了左武卫大将军的官衔 。有些被俘的王室俘虏，唐朝政府甚至在他们死后还赠予他们谥号。例如，王玄策出使天竺时，为了对天竺国冒犯唐朝声威的行为进行报复，召集了一支混杂着吐蕃人和泥婆罗人的军队，掠夺了壮美的摩揭陀城，并且俘虏了两千名男女战俘和大批牛马。在这批俘虏中，就有摩揭陀的“反”王，他在688年被解送到了唐朝。两年后，当唐太宗去世时，这位反抗过唐朝的天竺人的形象被刻在了石头上，列于太宗昭陵之前。这样，这位天竺国王就得到了永恒的声名，但只是作为唐朝征服中的战利品的象征。

在唐朝，一般俘虏通常只有死亡或者是当奴隶这两条道路。这些战俘中，有些人被分配给了文武官吏，成了个人的奴隶，而大多数战俘则成了“国家奴隶”。在一定的条件下，俘虏也有可能通过特赦法令而获得自由，但并不多见。不管是私奴还是国家奴隶，安排他们做什么工作，主要是根据他们的出身来决定的。例如，来自蒙古草原和中亚的俘虏，通常会安排他们做牧马人、马夫以及贵族车仗的骑马侍从；如果这个俘虏受过教育，有文化，有智慧，那么他可能在重要的工业部门得到一个职务；更好些的话，也可能会在皇宫中获得一个受到信任的职务，这类职务可能是侍卫 、译师，或者是舞师。有些具备军事才能的家内奴隶还成了朝廷里的重要人物，例如王毛仲本来是一个没为官奴的高丽人的儿子，他曾经在唐朝政权中被提拔到了很高的位置，只是由于野心太大，最后才使他一败涂地。家庭奴隶从事各种各样的家务劳动，从夫人的婢女干的活计，到猎场看守人的工作都属于家庭奴隶的劳动范围。

■1161年，宋钦宗病死于燕京。

□1170年12月29日，英国宗教领袖，坎特伯雷大主教托马斯·贝克特与国王亨利二世发生矛盾，最终被国王派来的骑士谋杀。

对于没为奴婢的俘虏而言，最倒霉的就是被送往南方的边疆地区去服役。这些地区不仅有暑热瘴气，而且有鳄鱼出没，更有甚者，这里的居民还将敌人的头颅割下来作为战利品。白居易笔下描述的突厥战俘的遭遇就是如此。9世纪时，唐朝政府一反常态，对间谍活动感到惊恐不安，他们深信，这些湿热瘴疠的边疆地区是最适合安置那些被俘的高山地区居民和北方土著人的地方。而在7世纪时，唐朝政权对于其自身的权势和武力的自信程度是很强的，这时的俘囚要获得自由也就容易得多。

历史事件特写：阿拉伯造纸术偷师中国战俘

信息技术不发达的古代，战争往往在客观上成为国与国之间文化交流的一个桥梁，这恐怕是血淋淋的战争所能带给人类的唯一好处了。唐朝曾与许多周边民族发生战争，俘虏了很多异族人做奴隶，但即使是强盛的唐政府，也并不是战无不胜，也有许多唐朝士兵沦为其他民族的战俘。这些战俘，流落异乡，却推动了唐代中国高度发达的文明在西方世界的传播，这大概是战争发动者都没有想到的。

例如，公元751年，唐朝大将高仙芝率军与大食（阿拉伯帝国）在中亚重镇怛罗斯（今哈萨克斯坦）开战。由于唐军中的西域军队发生叛乱，唐军战败，唐军士兵不下万余人被俘，其中有许多能工巧匠，如造纸匠、纺织匠、画匠等。著名史书《通典》的作者杜佑的族人杜环，作为高仙芝部队的一个随军书记官，也不幸成了大食的俘虏。杜环在大食居住了十年之久。他在大食时看见有许多成为战俘的中国工匠，其中有“汉匠起作画者，京兆人樊淑，刘批；织络者，河东人乐陵，吕礼”。这些人把唐代高超的手工技艺，传授给阿拉伯人，进而传到欧洲。

在这场战役中，唐军中的部分造纸工匠被阿拉伯军队俘虏。阿拉伯人将这些工匠带到中亚重镇撒马尔罕，让他们传授造纸术，并建立了阿拉伯第一个生产麻纸的造纸场。从此，撒马尔罕成为阿拉伯人的造纸中心。在许多中世纪阿拉伯旅行家的游记中，都有关于撒马尔罕出产优质纸品的记录。公元794年，在中国工匠的指导下，阿拉伯帝国在都城巴格达建立了新的造纸工场。

薛仁贵活埋铁勒军：第三次大规模屠杀战俘

也许，将对战争和异族人的仇恨发泄在战俘的身上，是人在面对残酷战争时的一种本能。在如此文明的唐朝，也发生了一次大规模的杀俘行为。那就是薛仁贵活埋铁勒军，这也是中国历史上第三次大规模的屠杀俘虏的事件（前两次为白起屠杀赵国降卒和项羽屠杀秦国降卒）。

薛仁贵是一位非常英勇善战的将领，曾经屡立奇功。公元645年，唐太宗李世民御驾亲征，直指高丽，当时薛仁贵是张士贵的部下。唐军到了安地，一位郎将被高丽军队团团围住，情势危急，薛仁贵飞马上前，立斩敌将，将人头悬挂于马鞍上，一举震慑敌军。唐军四面合围，势不可挡。

公元659年，薛仁贵与其他几位将领一起，与高丽军队激战于横山（今辽宁辽阳附近），薛仁贵一马当先，箭无虚发，敌人无不应弦而倒，在随后的石城之战中，一位高丽神箭手连杀唐军十余人，薛仁贵盛怒，以风驰电掣的速度扑向神箭手，将敌人生擒，吓呆了的敌人竟来不及拉开弓弦。公元660年，契丹联合奚族共同反唐，薛仁贵在黑山大败契丹，活捉了统帅及一干首领，将他们押到东都。

人物小传

薛仁贵

薛仁贵，名薛礼，字仁贵。山西绛州龙门修村人

（今山西河津市修村人），生于614年，是南北朝时期名将薛安都的后代，属于河东薛氏家族，但到他这一辈已经没落。他早年丧父，自幼家贫，但是习文练武，刻苦努力，天生臂力过人。长大务农，娶妻柳氏，生得一副大饭量。传说中，到30岁时，他因穷困不得志，希望迁移祖坟，以带来好运，其妻说："有本事的人，要善于把握时机。现在当今皇帝御驾亲征辽东，正是需要猛将的时候，你有这一身的本事，何不从军建立功名？"薛仁贵于是从军，开始了他驰骋沙场40年的传奇经历。他一生中征伐并降伏高丽，大败回纥，大破突厥，战功赫赫。他于683年去世，终年70岁。死后，朝廷追封他为左骁卫大将军、幽州都督，官府还特造灵舆，护丧还归故里。

公元661年，铁勒酋长伙同其他部落起兵侵犯唐朝边境。薛仁贵再次领兵还击。这一次，悲剧发生了。当时铁勒拥兵十几万，凭借天山之地利，企图与大唐雄师一决胜负。他们派出数十位骁勇骑士出马挑战，但是眨眼间，就被薛仁贵三箭射死三人，胆寒之下，铁勒人下马投降，放弃了抵抗。但由于担心这群投降的人变卦，薛仁贵命令部下将13万已经投降的铁勒人就地坑杀。铁勒人害怕了，拼命逃窜，薛仁贵追击到漠北，擒获了铁勒首领。铁勒从此衰落了，薛仁贵从此成了唐朝敌国眼中的凶神恶煞。唐太宗提升薛仁贵为右领军郎将，让他守卫玄武门。

其实，在薛仁贵之前，也曾发生一次大规模的杀俘事件。那是北魏道武帝拓跋珪时期，他在率兵攻燕时，俘虏了近五万燕军。拓跋珪从中挑选了一些有才的燕臣为己所用，本来想把那四五万燕军俘虏送还。但一位大臣却劝告他说："燕国强大，现在我们只是侥幸大胜，不如都把这些人活埋掉，燕国就衰落了。"拓跋珪听信了他的话，把近五万燕兵全部活埋。

还有一个屠杀战俘的人就是唐朝末年的朱温，他早年参加黄巢的起义军，降唐后赐名朱全忠。883年，他被封为宣武（今开封市）节度使，与

薛仁贵雕像　　3-4

李克用等联合镇压了黄巢起义。此后，他以河南为中心，扩张势力，成为唐末最大的割据势力。907 年，朱温逼迫唐昭宗退位，又密令手下杀了唐昭宗，接着，朱温杀唐昭宗的儿子共九人。同时，朱温称帝，建国号为梁（史称后梁）。

朱温多疑和嗜杀，表现为滥杀无辜。每次作战时，如果将领战死疆场，所属士兵也必须与将领共存亡，如果生还就全部杀掉，所以，将官一死，士兵也纷纷逃亡。朱温又在士兵的脸上刺字，如果逃走，或私自逃命，一旦被抓获，必死无疑。有一次，朱温打完胜仗，清理战场时，突然狂风大作，沙尘弥漫。朱温说是因为杀人不够，于是命将士把战俘悉数杀死。

古语云“杀降不祥”，这几位屠杀战俘的将领，也没什么好下场，但唯独薛仁贵是个例外，他以七十之年善终。

那些沦为战俘的封建君王们

在改朝换代的战争中，在外族侵略的战争中，不可避免地会有君主沦为战俘，这些过惯了养尊处优的日子的皇帝，一旦沦为战俘，命运如何呢？通常对待这些皇帝和贵族战俘，有三种处理方法。第一种当然是杀掉，一了百了。但实际上这可能是后遗症最多的选择，很容易成为敌对国家同仇敌忾的导火线。例如，美国人杀死了萨达姆，不但对结束伊拉克战争没有任何帮助，反而引起了更激烈的反美斗争。第二种处理方法就是先暂时关押，成为要挟的筹码，这要看战俘的政治影响力如何。第三种就是有条件送回，成为双方修好的纽带。

要说帝王战俘，最知名的莫过于后唐君主李煜和北宋徽、钦二宗。关于李煜的故事，我们已经知道得很多了。这位帝王文学造诣颇深，但大概也正因为如此，他把心思都花在了美女和风花雪月上，治国水平就让人不敢恭维了。偏偏他运气也不好，遇到的对手是强大的赵匡胤。这样的实力对比，输是必然的。据史书记载，南唐被赵匡胤所灭时，李煜和他心爱的小周后躲在一口井里，但最后还是被俘。

于是，从前养尊处优的君王，沦为任人凌辱的阶下囚。从此，在这位词人的笔下，有了一首首滴着血泪的、描述俘虏生涯的词：

雕栏玉砌应犹在，只是朱颜改。问君能有几多愁，恰似一江春水向东流。

在失去自由的日子里，这位君王经常回忆从前，皇宫里金碧辉煌、雕栏玉砌，美丽的宫女们左右相伴。只是，这样的日子再也回不来了，只能

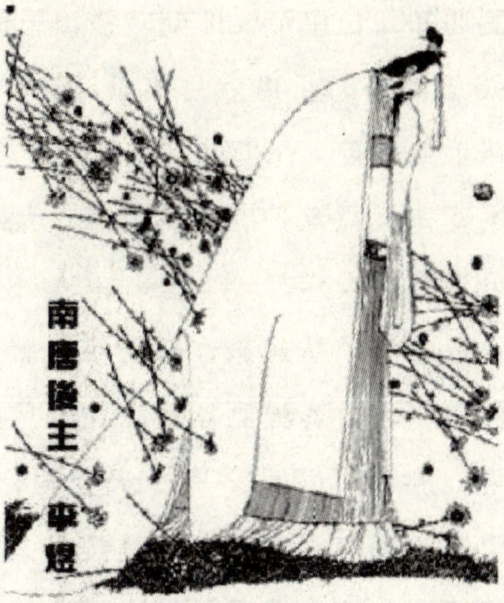

绘画中的李煜　　3－5

在梦里想一想罢了，怎能不让人心痛呢？想必没有经历过如此深刻的痛苦体验，李煜也就不会写出如此打动人心的名句。从这点上说，俘虏的生涯既毁了他，也成就了他。倘若没有亡国被俘，李煜很可能只是作为一个没有什么作为的皇帝在历史上湮没无闻。但这段战俘生涯，却让这个失败的君王作为一个优秀的词人流芳千古。可惜，在李煜经历了十多年的俘虏生涯后，大概赵匡胤觉得他也没有什么利用价值了，于是将他毒死。

公元 1125 年，金兵大举侵犯宋朝，到了第二年，已经逼近都城开封。无能的宋钦宗怕得要死，答应了金兵的条件，罢免主战派李纲。开封陷落了，金兵又借口要皇帝亲自去谈判，并趁机掳走了宋徽宗（赵佶）和他的儿子宋钦宗（赵桓），这就是历史上著名的“靖康之耻”，然后将他们当了俘虏。父子皇帝两个同时成为俘虏，这在我国历史上是绝无仅有的事。

与徽、钦二帝一起被掳走的，还有朱皇后等一干女眷。金人将二帝关在一间小屋子里，一关 7 天，连一个人影也见不着。朱皇后身体弱，一路屈辱劳累，很快就病死了。守卫们拿来草席将朱皇后的尸体一卷，拖出去草草掩埋了。可怜一代皇后，就这样结束了她的一生。钦宗赵桓连出声哭

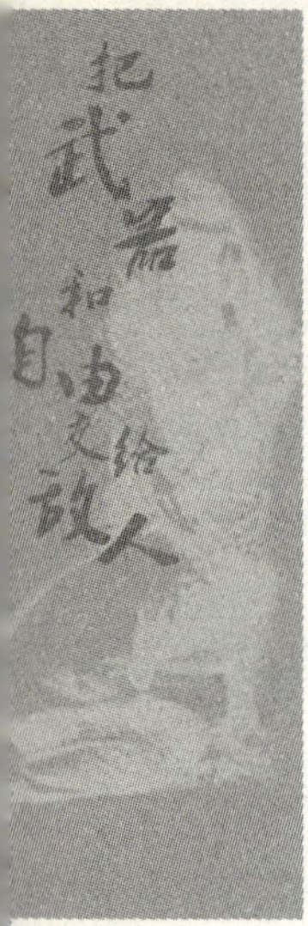

一场都不敢，只好暗暗抹泪。

第二天，一位官吏通知二位皇帝要即刻转移，于是士卒 20 人，带了父子皇帝两个，徒步上路了。当时正逢六月酷暑，这样的天气在沙漠行走，路上经常没水喝，一路上的辛苦可想而知。就这样奔波了 12 天，才到达目的地。这时的二帝，早变得又黑又瘦，形容枯槁，乱发蓬松，跟难民没什么两样，哪里还有半分皇帝的模样？

很快，他们又被送进监牢关了起来，守卫每天就送些粗米饭、咸菜汤为他们保命。可怜两位皇帝，自春天到夏天，几个月的时间都不曾换过一件衣服，早已油垢污秽，生满了虱子。有一天夜里，城里忽然火光冲天，喊杀声四起，原来这里的首领有两个，一个是契丹人，另一个是金人，两人一向不和。契丹人想抓走二帝，然后再和宋朝做笔交易。不料被金人得知风声，连夜举兵，将他们全杀了。

事后，金人将赵桓叫了去，大骂一通："你这个死皇帝，胆大包天，竟敢与契丹人串通了来谋害我。"赵桓吓得要命，赶紧辩解："我被关在铁窗之内，你们又防范得严，怎么会去与他同谋？"

金人大怒："你这个死囚，还要嘴硬。来人，鞭他 10 下！"军卒得到命令，立即拿鞭子抽了过来，其中一鞭正落在赵桓的嘴上，打得他鲜血淋漓，连牙齿也被打落了好几个。尽管这样，那位金人首领仍不肯罢休，又抽了十几下，直打得赵桓昏死在地才罢手。

之后，两位皇帝又被迫转移，一路上有病的爹扶着有伤的儿子，你扶我，我搀你，不知有多狼狈。到达之后，又被关在监狱里，内外有人把守，每天只送一顿饭保命。

不久，他们见到了四太子金兀术的伯父盖天大王，还见到了钦宗过去的妃子韦贤妃。原来，韦贤妃已经做了盖天大王身边的女人。多亏了韦贤妃，二帝的待遇好了许多，不但有了换洗衣服，饮食也好了不少。

但没过多久，盖天大王带走了韦贤妃，并又换了一个首领。这位首领打仗时曾经吃过宋朝的亏，很恨二帝，自然不会放过这个大好时机虐待他们。过了几天，又有人来囚所传旨，说金主有令，让二帝及太后到凉州听候处理。

赵桓流着眼泪道："咱们父子三个就死在这儿算了，还要上什么地方去呀?"但金人哪里会听他们的话，拖了他们就走。当时天已隆冬，二帝和太后满脚的血泡，走一步疼一步。太后瘦成了皮包骨头，看上去像个鬼似的，在风中摇摇晃晃。押送的人怕他们死了不好交代，只好砍了几根树枝，做了3副担架抬着他们朝前走。

这样走了半个月以上，总算来到凉州，三人又被关在一间破屋子里。这时南宋韩世忠等四将连打胜仗，金主怕二帝与他们互通消息，又将他们押送到五国城去。在这次奔波中，体弱的太后油枯灯尽，捱了六七天，没走多久就一命呜呼了。士兵们用刀在路旁刨了个坑，就将她和衣埋了。二帝伤心万分，失声痛哭，徽宗的一只眼睛也哭瞎了。

到了五国城后，他们又被关在一间土屋里，每天也只送一盒饭给他们充饥。赵佶心想，金主这样的暴虐，苦苦活着也真没意思，就悄悄地将衣服撕成布条，准备自尽。幸而被儿子发觉救了下来，父子俩抱着痛哭了一场。过了一段时间，他们又被押送到均州。在这次的劳累中，赵佶得了呛咳病，于1135年4月死去。宋钦宗更可怜，他在位仅1年半，而被金人一关30多年，于公元1161年病死于燕京。就这样，两位怯懦无能的皇帝，既害苦了百姓，也害苦了自己，并作为反面教材被写进了史册。

值得一提的是，明朝也有皇帝做过战俘，这皇帝成为战俘的原因实在有些可笑。这位皇帝就是明英宗，事情是这样的，蒙古的瓦剌部落率兵内侵，当时明朝政府已经派了大军迎战，战事并不紧张。当时英宗有个宠信的太监，战事正好在这位太监的家乡进行，所以这位太监怂恿皇帝御驾亲征，希望大兵一到，就可以马到成功。他内心盘算着在凯旋的时候，邀请皇帝到他老家，这样自己这个阉人也能够光宗耀祖一把。

正好，英宗在皇宫呆腻了，很想去外面玩玩，就痛快地答应了这个荒谬的建议。在没有任何后勤准备的情况下，仓促地调集了10万大军出发了。走了不远就赶上了暴风雨，粮草不济，人困马乏，还没和敌人交锋，就已经尸横遍野了，这样的军队不打败仗才怪。很快，这支军队就一败涂地，连明英宗也被俘虏，这就是历史上著名的“土木堡之变”。好在英宗的运气比较好，在过了一年的俘虏生活后，他的弟弟登上了皇位，他也就没什么利用价值了。当时的蒙古还没有强大到与明朝为敌的程度，所以将他送了回去，于是，这位俘虏皇帝又一次当上了皇帝，他也是明朝唯一一个用了两个年号的皇帝。可能他自己也觉得从弟弟手中夺回皇位有些难为情，索性把年号改为“天顺”，寓意为“顺天而治”吧。

酷睿点评

创造专门的歌舞、举行隆重的仪式来“受降”，其实并不是唐代人发明的。只是唐朝人的排场更大一些罢了，谁叫人家有那个资本呢？看来，中国人的“面子工程”是有历史渊源的。不过，不管怎么样，相对于早期人类那些野蛮的行径，已经进步很多了。这些俘虏们应该偷笑了，虽然他们自己并不知道，自己所面对的，是人类几千年来最辉煌的时代之一。

四

中世纪战俘：窥视欧洲历史上黑暗的一页

中世纪的欧洲是一个黑暗的时期，战争不断，宗教屠杀不断。这一时期，欧洲曾多次被外来侵略者征服，著名的十字军东征也发生在这一时期，在战俘的名单中，出现了一大串显赫的名字。而犹太人，也是在这一时期被征服、驱赶和屠杀。此时，欧洲还出现了一个非常特殊的群体——骑士战俘。

罗马的灭亡和中世纪的到来

中世纪，通俗地说，也就是欧洲的封建社会时期，一般历史认为，它始于476年，其标志是西罗马帝国灭亡，终结于1453年拜占庭帝国（东罗马帝国）灭亡。从整体看，其中有将近一千年的时间，这一时期，欧洲各国彼此混战不休、四分五裂，类似于我们中国的“五代十国”，因此也被历史学家们称之为“欧洲历史上最黑暗的一页”。

还是从西罗马帝国的末日说起。曾经，罗马人创造了辉煌的文明，罗马帝国占据了地跨欧、亚、非三大洲的庞大版图。到了公元3世纪，定居多瑙河东部的日耳曼人携家带口，一波又一波地搬到罗马帝国居住。这显然不是普通的搬家，因为他们还不失时机地袭击罗马人，令罗马皇帝十分头痛。关于这次事件，历史学家给它取了个好听的名字，叫“民族大迁移”。

与此同时，匈奴在东方被汉朝打得混不下去，只好西迁。匈奴人的到来，对居住在罗马附近的西哥特人来说，无疑是一场灾难。匈奴人善于射箭和骑马，打哥特人那是小菜一碟。于是，西哥特人也只好卷铺盖逃跑，六万余人进入罗马境内。但是，当逃兵虽然小命是保住了，可生活在人家的地盘里，寄人篱下的滋味也不好受。终于有一天，西哥特人忍受不了罗马帝国的苛捐杂税，发动起义。与此同时，饱受压迫的罗马当地下层人民，也加入到西哥特人的起义队伍中。

罗马皇帝瓦伦斯亲率四万大军在亚德里亚堡与西哥特人展开激战。此时的西哥特人，不仅学会了骑马打仗，还发明了西哥特重骑兵，它成为战场上的主战坦克，而罗马军队依旧以步兵和轻骑兵为主。于是，还没打几个回合，罗马就惨败，被斩首三万余人，瓦伦斯也战死。这一战役，在欧

■405年冬，西哥特人突破防线，占领高卢（包括今法国、比利时、意大利北部、荷兰南部、瑞士西部和德国莱茵河西岸一带）大部分地区。

□400年，罗马帝国皇帝伽列里乌斯在帖撒罗尼迦的墓地被改建成教堂。

古罗马的凯旋门　　4－1

洲历史上意义重大，哥特重骑兵战胜过时的罗马步兵军团，标志着中世纪骑士时代的开始。

随后，罗马帝国分裂为西罗马帝国和东罗马帝国两个国家，分裂后，战争仍在继续。405 年冬，西哥特人突破防线，占领高卢（包括今法国、比利时、意大利北部、荷兰南部、瑞士西部和德国莱茵河西岸一带）大部分地区。幸好这时，罗马出现了一个叫斯提里科的统帅，他智勇双全，一举击败西哥特首领阿拉里克。但遗憾的是，当时的西罗马皇帝霍诺留昏庸无能，他听信谣言处决了斯提里科。走投无路之下，斯提里科的部众投降，投靠了阿拉里克。

西哥特人如虎添翼，开始了对西罗马帝国的疯狂进攻。410 年 8 月 24 日夜，阿拉里克第三次围攻罗马城。城内被压迫的奴隶也纷纷响应，半夜里悄悄打开城门。西哥特人虽然打了胜仗，但他们挚爱的首领，被称为“上帝之鞭”的阿拉里克却在回军途中病死。

于是，战俘们就遭殃了，哥特人命令战俘引开布森托河水，在河床上

阿拉里克　　　　4－2

挖出一个巨大的土坑，以安葬“上帝之鞭”阿拉里克，为他殉葬的是半个罗马城的珍宝。哥特人对墓地的选择可以说是煞费苦心，当坟墓被石板和沙土掩盖之后，又让布森托河重新从上面流过。这个庞大的工程不能不说是个奇迹，但也许是因为担心墓地被外界发觉，哥特人在事后杀光所有参与施工的战俘，从此再没有人知道这座价值连城的坟墓的准确位置。

西罗马被蛮族灭亡，在许多历史学家看来，无疑是欧洲文明的大倒退，是世界史上最严重的一次逆淘汰。有人这样描述战后的情形：“雄伟的建筑物被捣毁，珍贵的典籍被付之一炬，繁荣的城市成了一座废墟，纤弱高贵的妇人成为野兽（对蛮族人的蔑称）手中的玩物。”

据说，日耳曼人在战后对待战俘的行为更加残暴。因为他们当时还不明白奴隶的用途，因此，所有罗马战俘和奴隶，不分贵贱，全部被就地处决。他们的内脏和鲜血被用来祭祀。由于日耳曼人古怪的宗教信仰，随军牲畜都没能摆脱被屠杀的厄运：在方圆数十里的树林中，树干上钉满罗马人的首级，树枝上挂满了从战马、驴、骡身上扒下来的皮毛，情状惨不忍睹。

■410 年 8 月 24 日夜，被称为“上帝之鞭”的阿拉里克却在回军途中病死。

□410 年，刘裕北伐南燕慕容超。

人物小传

斯提里科

斯提里科的人生是一部史诗般的传奇。在学校里，他是最优秀的学生；在战场上，他是最勇敢的士兵；在部下的眼中，他是最出色的统帅；在女人的眼中，他是最完美的情人。他精通拉丁语、希腊语和一种日耳曼普通话，而且口才超群。

公元383年，年方18岁的他受提奥多西大帝的委派，出使萨珊王国。他风度翩翩，高超的外交技巧和口才，打动了躲在幕后的波斯公主的芳心。但当时斯提里科已有未婚妻，为了避开公主的情书和国王的宴会，他躲到波斯首都克特西封城的郊外去打老虎，据说从此之后，不幸的老虎就在萨珊王国境内绝迹了。

他首次出征，迎战入侵的法兰克、阿勒曼、萨克森联军，就大获全胜。现代学者认为：他在这次战争中表现出来的灵活性、运动性、对时机的把握和对局面的整体控制能力丝毫不亚于恺撒、华伦斯坦因和拿破仑。斯提里科的军事威名和高明的外交技巧，还使得当时最强大的日耳曼民族20年不敢越莱茵河一步。然而，他却因为政敌的嫉妒和陷害，被昏庸的国王杀死。历史学家普遍认为，这是西罗马帝国的悲剧，也是整个欧洲文明的悲剧。

随后，西罗马帝国又受到了包括匈奴在内的其他蛮族的疯狂进攻。公元476年，雇佣军领袖、赫卢利国王奥多亚赛废黜年仅六岁的西罗马皇帝罗慕路斯，历时12个世纪的罗马帝国灭亡了。从此，欧洲历史也揭开了新的一页，以群雄割据、骑士精神和宗教战争为特征的中世纪到来了。

■530年，贝利萨留在具有决定性意义的一战“德拉战役”中，大败波斯。

□530年，中国人发明并制造出了水力磨面机。

中世纪混战与“保加利亚屠夫”

西罗马帝国从世界地图上消失了，但作为罗马文明的延续者，东罗马帝国依然屹立在欧洲东部和亚洲西部，又称“拜占庭帝国”，首都是君士坦丁堡。不过，在历史学家眼里，东罗马帝国和拜占庭帝国还是有一定区别的，他们被认为是同一个国家的两个不同时期。而最重要的过渡期就是查士丁尼大帝统治的三十八年，这一时期，也被称作“再征服”时期，因为他希望把原来属于西罗马帝国的地盘再夺回来。帮助查士丁尼执行这一神圣使命的，就是拜占庭名将——贝利萨留。

贝利萨留是色雷斯人，这里也是著名的奴隶起义领袖斯巴达克斯的故乡。由于色雷斯位于多个国家交界处，因此在混战的中世纪，它大部分时间沦为战场，成为各国争夺的焦点。查士丁尼首先发动了对萨珊王朝（就是波斯）的战争，公元 530 年，在具有决定性意义的一场“德拉战役”中，大败波斯，斩首八千余人。但查士丁尼并不满足，他的真正目标是“打回老家去”，夺回被蛮族占领的原属于西罗马帝国的地盘。为了避免两线作战，他同波斯签订了停战协议，准备全力对付北非的汪达尔·阿兰王国。

汪达尔·阿兰王国与拜占庭帝国颇有渊源，它曾经是地中海强国，在与拜占庭帝国交战中俘虏了三名皇室成员。后来拜占庭皇帝列奥一世（457—474 年在位）用钱把几位俘虏赎了出来。可是，一名公主已经和汪达尔·阿兰王国的王子订婚，不愿回去，而他俩生的孩子就是汪达尔·阿兰王国的第五任国王希尔德里克。他即位后，就依附于拜占庭。希尔德里克是个典型的和平主义者，不喜欢打打杀杀，结果在一场王室政变中，被赶下台，作为俘虏关进监狱，其堂弟盖利默继任国王。

■533 年 9 月 15 日，罗马和汪达尔·阿兰王国在迦太基以南展开决战。

□533 年，瓦莱塔被拜占庭人占领。

贝利萨留　　4－3

查士丁尼要求恢复希尔德里克的王权，盖利默当然不从，于是，战斗就这样打响了。533年，贝利萨留率军攻入汪达尔·阿兰王国，盖利默立刻处死了希尔德里克，以绝后患。在这里先让我们了解一个小常识，欧洲的皇帝打仗时，都喜欢御驾亲征，这并不是因为他们喜欢，而是这早已成为一种习俗，你不亲征，大臣们不干啊。这样一来，国力强盛时亲征还好，国力弱时亲征，无疑是送死，国王成为俘虏也是屡见不鲜的事。例如，曾经有一位叫瓦莱里安的罗马皇帝，御驾亲征时惨败，部队被歼灭，他自己也被敌军俘虏，下场凄惨无比。据说，波斯的国王沙普尔一世把他当作上马时的脚凳来取乐，在想方设法羞辱完以后，让人把熔化的金水灌进他的喉咙，把他的皮扒下来，往里面填上稻草，然后当作战利品保存在礼拜堂里。

这一次，盖利默也选择了御驾亲征。公元533年9月15日，双方在迦太基以南展开决战。起初，汪达尔·阿兰军占了上风，攻势甚猛。盖利默在马上看得津津有味，不停地喝彩。突然，他发现自己的侄子被拜占庭士兵一枪毙命，尸体被践踏在脚下，惨不忍睹，于是备受打击，撒腿就跑。士兵看国王跑了，哪里还肯傻乎乎卖命，于是也四散逃窜，阵线瞬间瓦解。

■610年，穆罕默德创立伊斯兰教。
□610年，隋继续开掘江南运河，开通镇江至杭州段，长400公里。

拜占庭军紧追不放，盖利默被活捉，成了俘虏，汪达尔·阿兰王国灭亡。在贝利萨留返回君士坦丁堡的那一天，皇帝为他举行了空前的欢迎仪式，作为俘虏的盖利默像猪一样被推着进入君士坦丁堡。那一天，君士坦丁堡万人空巷，市民纷纷出来一睹英雄的风采。

人物小传

贝利萨留

贝利萨留（约 505—565 年），拜占庭帝国统帅，生于色雷斯。早年任皇帝查士丁尼一世的侍卫。527 年率军参加对波斯的战争。529 年升任禁卫军长官。翌年任德拉总督，击败 4 万波斯-阿拉伯联军，名声大振。532 年镇压君士坦丁堡的尼卡起义，解救被围困的皇帝。533—534 年率 1 万步兵和 6000 名骑兵入侵北非，灭汪达尔—阿兰王国并俘其国王。回国后被授予执政官称号。535 年出征意大利的东哥特王国，登陆西西里岛。536 年攻入意大利南部，随后北上占领罗马。540 年攻陷东哥特都城拉韦纳，俘东哥特王。

但他的境遇和岳飞差不多，皇帝对他不放心。562 年，军队冲进贝利萨留的住宅，没收了他所有财产，他本人也被投入天牢，罪名是“参与谋反、贪污”。晚年的贝利萨留被弄瞎双眼，被迫乞讨街头。565 年 3 月 13 日，一代名将在穷困潦倒中死于君士坦丁堡。

然而拜占庭帝国的另一位皇帝君士坦丁五世就没有那么仁慈了，这位皇帝以残忍地对待战俘闻名于世。他在位时，北方出了一个强大的敌人——保加利亚。虽然现在的保加利亚，似乎是个非常安分的国家，但在中世纪，却是一个举足轻重的国家。君士坦丁五世踌躇满志，誓要彻底解决保加利亚这个心腹大患。为了达到目的，他把俘虏流放到北部边陲的色雷斯地区，以充人口；修建大量城堡以为前哨。

■627 年，穆罕默德彻底统一了麦地那。

□626 年，波斯人在对拜占庭首都的围攻战中，以惨败而告终。

759年，君士坦丁五世又一次亲自挂帅，准备教训北方的蛮族保加利亚，“巴尔干战役”打响。由于保加利亚内讧，这一仗他赢得轻松又漂亮，彼此签订了和约。但不久后，保加利亚换了领土，很快就置和平协议于不顾。君士坦丁五世大发雷霆，动员800艘战船、9600名骑兵，以及无数步兵，水陆并进，又一次发动了对保加利亚的攻击。763年6月30日，“阿其亚鲁斯战役”打响，这场大战一直持续了一天，从早晨杀到傍晚，两军各损失一半人马。战场一片狼藉，失去主人的战马呆立着，刀枪散得到处都是，有的甚至直挺挺地插在尸体上，鲜血染红了地面，还有一些尸体紧紧地挨在一起，受伤的士兵奄奄一息，发出痛苦的呻吟。就这样，拜占庭在付出了惨重的代价后，赢得了这场战争。

战俘们的悲剧也开始上演了。凯旋这天，拜占庭士兵排着整齐的队伍步入城内，头戴闪亮王冠的君士坦丁五世好不威风，掌声和欢呼声冲天而起。一群群惊魂未定的保加利亚俘虏，被推着拥进城里。

阅兵仪式过后，是皇帝为市民准备的娱乐节目。而这个娱乐节目，就是屠杀这些可怜的战俘。君士坦丁五世一声令下，广场上发出阵阵怒吼“杀了这群野蛮人”，于是，数十名刽子手高高举起屠刀，几十颗人头翻滚而下，被市民当球踢。

紧接着，另一批俘虏被押上台。就这样，一批又一批的保加利亚俘虏，成了君士坦丁五世的炫耀品，被无情地杀戮。而君士坦丁五世，也被后人称作“保加利亚屠夫”。战争就是这么残酷，当一个人从生死边缘回来时，往往会做一些灭绝人性的事情。

从此，保加利亚就衰落了下去，陷入内部混乱，进入了“换国王——内乱——换国王”的无限循环之中。而拜占庭也重复上演着“俘虏上台——斩首——俘虏上台”的全民娱乐活动，君士坦丁堡市民对此百看不厌。

保加利亚于公元774年10月，集结1万多人马，攻打拜占庭，结果几乎全军覆没。君士坦丁堡的大竞技场上，又再度上演杀战俘为乐的人间惨

■759年，君士坦丁五世又一次亲自挂帅，准备教训北方的蛮族保加利亚，“巴尔干战役”打响。
□759年，杜甫作“三吏”、“三别”。

剧。这次失败对保加利亚来说是毁灭性的，但君士坦丁五世也没有善终。775 年 9 月 14 日，这位屠夫因病去世，消灭保加利亚的计划也化作泡影。

穆斯林的崛起与战俘的不同遭遇

在西方基督教企图主宰世界时，世界又迎来了另一股宗教力量。622 年夏，麦地那（位于今沙特西部）来了一群神秘人物，为首的是一个花白胡子的老头。这群人到处宣传他们的信念，同意他们信仰的人也越来越多。这个老头就是具有传奇色彩的伊斯兰教创始人——穆罕默德，他时年 52 岁。

人物小传

穆罕默德

穆罕默德幼年时父母早亡，叔叔照顾他长大，他叔叔是当时麦加最强大部落的酋长，穆罕默德跟着沾光，也算是当地贵族出身。青年时代的穆罕默德擅长解决纠纷，有一次，麦加的卡亚巴在遭到洪水后得到重建，一块象征神圣的大黑石需要搬回原处，各部落首领都想借机露下脸，谁也不愿放过这个机会。大家找到穆罕默德让他主持公道，穆罕默德想了个主意，他把石头放在白布中央，让首领们一起抬着白布把石头运到卡亚巴中心，他自己则亲手把石头放回原处。大家你看看我，我看看你，谁也没好意思说什么。

在一次外出做生意的时候，穆罕默德遇到了他的第一位妻子，也是最重要的一位。她叫赫蒂彻，当时已经

■774 年 10 月，保加利亚集结 1 万多人马，攻打拜占庭，结果却几乎全军覆没。

□774 年，法王查理曼征服了盘踞北意大利百年以上的伦巴第王国。

40岁了，还是个寡妇，而穆罕默德才25岁。赫蒂彻盛情邀请他当她一个商队的代理人，姐弟恋就这样埋下伏笔。过了一段时间，他们结婚了。结婚后，穆罕默德非常专一，在一夫多妻制的社会里竟然没有再娶。二人如胶似漆，一口气生了六个孩子，不幸的是两个男孩早夭，只剩下四个女孩。穆罕默德因创立了世界三大宗教之一的伊斯兰教而名垂史册。

关于穆罕默德创立伊斯兰教，有个传说是这样的。穆罕默德是个喜欢思考的人，更准确地说，应该叫“修炼”。他的修炼地点在麦加附近希拉山的一个山洞里。610年的某一天，奇迹发生了，他在山洞里修炼，入定已久，突然，恍惚间他看到一个黑影飘然而至。那个黑影朗声道：“穆罕默德！吾乃天使加百列，汝乃真主之传音者，背诵吧。”

穆罕默德吓坏了，以为见鬼了。他的妻子却安慰他说：“这是好事。”穆罕默德想了想，于是转忧为喜，从此他作为真主安拉在人间的使者出现在大家面前。从613年开始，穆罕默德到处布道，四处宣传说自己可以和真主交流，是真主在人间的代言人。他在众人面前表演与真主交流，浑身颤抖，口中念念有词，大汗淋漓，一会儿就入定了，围观的人都傻了眼。

他要求人们放弃原有宗教，转而信奉全能的、仁慈的真主安拉，只有这样，人们才能化险为夷、免除灾祸。很快，包括富家子弟在内的很多麦加人成了他的追随者。随着追随者的增多，以倭马亚家族为核心的麦加各部落开始担心了。由于他公然反对人们从来所信奉的神灵，宣传世间只有一个真主，那就是安拉，因此，库拉什部落把他视为最大的威胁。

随之而来的是残酷的宗教迫害，一个名叫比拉尔的非洲黑奴皈依伊斯兰教，他主人知道后，把他捆绑起来，身压巨石，放在炽热的太阳底下酷晒，但是他毫无惧色。很多人的财产被掠夺，更有很多人丢了性命。穆罕默德家族地位显赫，这使他逃过劫难。619年，穆罕默德的妻子死了，叔叔也死了。这对他来说打击很大，因此后来穆斯林称这一年为“悲痛年”。

■1187年，萨拉丁灭掉了法兰克人的耶路撒冷王国。
□1154年，英王亨利二世继承王位，金雀花王朝开始。

后台倒了，为了躲避迫害，他不得不远走异乡。

穆罕默德　　4－4

然而有一天，他惊奇地发现，伊斯兰教竟然走出麦加，远播到了其他城市。在追随者的保护下，他来到雅特里布，并将此地改名为麦地那。麦加是伊斯兰教的第一个圣地，麦地那则是第二个圣地，第三个圣地就是耶路撒冷。麦地那建于绿洲之上，这里的生活却相当艰苦。穆罕默德决心改变这一切，想让麦地那富裕起来，于是决定铤而走险，当了沙匪。

他把信徒们组织起来，形成以麦地那为基地的黑社会，袭击的目标是麦加、叙利亚之间的来往商队。沙匪这个行当很不好干，沙漠的天像孩子的脸，说变就变。茫茫沙漠，无边无际的黄沙，不时发生的风暴，很难找到对象下手，即使找到了也很难抵挡商队的猛烈还击。624 年 3 月，穆罕默德亲率 300 名穆斯林，守在一处井水旁，等待着袭击目标。结果等来了一支 600 余人的军队，他们乘着一百匹战马和不计其数的骆驼，浩浩荡荡杀了过来。这是穆罕默德遇到的第一场战斗。3 月 15 日，300 人对 600 人的伯德尔战役打响。穆斯林们英勇善战，穆罕默德一声令下："只许前进，不许后退，死者可上天堂。”就这样，穆罕默德以14人的代价，杀了45人，俘虏了70人。当那些俘虏要被处决时，穆罕默德制止了，劝告他们说：“愿意与穆斯林和平共处之人可以得到善待。”这时，一个麦加士兵出来骂穆罕默德，被穆斯林士兵一刀砍倒，这是这场战斗中唯一被杀的俘虏。首战告捷的穆斯林又歼灭了一个“不归王化”的犹太部落，与那些被俘的麦加士兵相比，他们的遭遇实在是太惨了。穆罕默德发出的指令是“杀光”。

627年4月，精心准备的麦加派出一万大军再度攻入麦地那。当地的犹太人暗中串通麦加军，答应在他们入城后，从侧后攻击穆斯林。一些吃里扒外的穆斯林变节，计划做内应。但竟然如此，这次战争麦加还是无功而返。但城里的“内奸”就遭了殃，特别是那些犹太人，穆罕默德已经不满足于“驱逐出城”这一做法。结果，600多名犹太男人被统统杀光，女人和儿童沦为奴隶市场的商品。

627年，穆罕默德彻底统一了麦地那，他成了城里所有教徒的保护者，甚至包括异教徒。他把朝圣地点由耶路撒冷改为麦加，并准备发动对麦加的圣战。和佛教、基督教不同，伊斯兰教一出娘胎，就披上了政治的外衣。

十字军东征——以宗教的名义屠杀

从11世纪末到13世纪末，欧洲教俗封建主和大商人在罗马天主教会的发动下，打着从“异教徒”手中夺回“圣地”耶路撒冷的旗号，对东部地中海沿岸各国进行了持续近200年的侵略性远征。由于在远征参加者的衣服上缝有用红布制成的十字，因此，这些欧洲的军队被称为“十字军”，这次出征也因此而得名为“十字军东征”。

十字军东征是中世纪持续时间最长的战争，历时将近200年。比战争更为残酷的是战争过后，被俘的战士，包括城市里的居民，连做俘虏的权利都没有。抢劫和屠杀是最为平常的事情。十字军所谓要夺回的圣地耶路撒冷，遭到空前的血洗。单在一所寺院里，就有约1万名平民俘虏惨遭杀害。这种屠杀究竟达到了什么地步，我们可以从当时的一些信件和书籍里找到答案。

十字军一个头目曾在信中写道，他骑马走过尸体狼藉的地方，血一直染到了马的膝盖上。金银财物被抢劫一空，艺术珍品被毁。《耶路撒冷史》记载说："十字军占领该城后，对穆斯林实行了惨绝人寰的3天大屠杀。西方'勇士们'为了掠取黄金，甚至剖开死人的肚子。因为死人太多，干脆把死人堆在一起焚烧，再在尸灰里找黄金。"十字军攻占君士坦丁堡时，对该城烧杀抢掠一星期，这座文明古城顿时变成了尸山火海。法国编年史家维拉杜安写道："自世界创始以来，攻陷城市所获的战利品从未有如此之多。"

第八次十字军东征　　4－5

当时的另一位名人戈伊泰因在书信中写道："法兰克人来了，杀光了城里的人，无论是伊斯马仪派教徒，还是以色列人都不放过，幸存的人也成了俘虏，只有很少的被赎了回来。”

雷蒙在他的作品《第一次十字军东征》里是这样写的："这是多么惊人的场面！我们的人割下了敌人的头颅，另一些人用箭射死他们，有些穆斯林被迫从城楼上跳下去，俘虏们被折磨数天后再烧死，街上到处都是成堆的头、手、脚以及零碎的肢体，在街上行走必须从尸体中辨认出一条路。”图德博德的《朝圣耶路撒冷史》中，关于俘虏有这样的描述：我们的人捉获不计其数的俘虏，有男人也有女人，把他们关在一间庙里，我们杀死一批，放走一批，这完全取决于一时的兴头。

“没有一块地方可以逃避屠杀，很多人被射死在神庙的屋顶上，又有很多人从房顶上滚下，在这庙里，屠杀了近万人。如果你站在那里，你的脚直至大腿都会沾上死人的鲜血。谁也不能保住性命，妇女与幼儿，均不得幸免。”

这种地狱似的场景描写，可以从当时的很多欧洲史书中找到论证。直到今天，很多影视文学作品中，都有关于那段血腥、恐怖历史的描述。与以往的屠杀不同，十字军战士们是带着无比虔诚的宗教情感来实施屠杀的，所以他们不仅不会觉得罪恶，反而认为这是崇高的行为。攻城之前，十字军们就曾彼此约定，破城后不杀异教徒者，死后会下地狱。就这样，他们将圣城耶路撒冷变成了人间地狱。大屠杀并不是某位将领命令的，而是十字军士兵们自觉发动的带有狂欢性质的行为。

“狮心王”在阿克城的战俘大屠杀

英国金雀花王朝的第二代国王理查一世是以凶狠而出名的君主。他从16岁就开始卷入连绵不断的暴力纷争，以穷兵黩武、贪得无厌和阴险残暴著称，因而有了“狮心王”的绰号，人们习惯地称呼他为“狮心理查”。42岁时，他在一次交战中因身受重伤而丧命。1191年8月，他以在巴勒斯坦的阿克城里玩弄的阴谋和实施的暴行而在人类战争灾难史上留下了浓重的一笔。

十字军所要占领和掠夺的地区正是穆斯林世界，因而，这次远征是一场穆斯林与基督徒之间的拼杀。但欧洲人的这场远征从一开始就不顺利，特别是第二次十字军东征失败后，穆斯林世界的势力日益增强，更令欧洲人既坐立不安，又无可奈何，又欲罢不能。1171年，埃及大臣优素福·萨拉夺取了国家政权，统一了埃及、叙利亚和美索不达米亚，在埃及和西非建立了苏丹萨拉丁帝国。1187年，萨拉丁轻而易举地就灭掉了法兰克人的耶路撒冷王国，进而迅速占领了地中海东岸的许多城市。

萨拉丁的发展和强大，特别是耶路撒冷王国的覆灭，令欧洲惊慌。罗马教皇克莱门特三世着手组织第三次十字军。教皇的决定使早已在蠢蠢欲动的英王理查一世兴奋不已。他采取种种手段筹措军费，甚至公开宣布：只要有适合的买主，他愿将伦敦卖掉。最后，他利用搜刮来的巨款装备了4000名骑兵、4000名步兵和100艘运输船只。在中世纪中期的欧洲，这可算是一支庞大的军队。

1190年初，在教皇的敦促下，理查一世宣誓东征。与他同行的还有神圣罗马帝国皇帝红胡子腓特烈和法国国王腓力二世。然而出师不顺，6月，腓特烈在小亚细亚的一条山溪里淹死了。于是，这支十字军的领导权就落到了理查一世和法王腓力二世手中。7月，英法两军分道南下，9月，先后抵达西西里岛，并决定在这里休整越冬。就是在这个冬天，理查一世一方面向当地的君主勒索了2万盎司的黄金，另一方面放纵士兵在西西里重要城市墨西那大肆抢劫。次年3月，英法军队继续东进。途中，他们在路过拜占庭时顺手牵羊，夺取了塞浦路斯岛，而后又在一番抢劫后扬长而去。6月，这两支一路烧杀抢掠的欧洲基督徒军队围困住了阿克城，并在7月攻陷了该城，俘获了3000多名阿拉伯士兵。

就在这时，理查一世与腓力二世之间发生了矛盾冲突。其中一个重要的原因就是在一路上携手抢劫后，理查一世占有了过多的赃物，不肯与腓力二世平分。于是，腓力二世愤然在8月时率领法国十字军离开了阿克城，打算在欧洲对理查一世进行报复。这样一来，在东方，就留下了理查一世独自与萨拉丁较量。

坐镇阿克城的理查一世知道阿拉伯人手中有着大量的财富和宝物，尤其是当他听说传说中的耶稣受难的十字架就保存在萨拉丁时，他的贪婪欲望油然而起。任何一个基督徒都知道，这个十字架可是一个非常神圣的宝物。他决定，不仅要从这些穆斯林手中攫取财宝，而且要将那个十字架带回欧洲。在经过一番谋划后，他想到了现在正羁押在阿克城内的那3000多名阿拉伯战俘，由于萨拉丁急于要同英国人进行俘虏交换，所以，他打算利用这个机会来敲诈以遵守约定与诺言而著称的阿拉伯人。

8月2日，理查一世派遣使者在阿拉伯翻译的陪同下，前来拜见萨拉丁，要与萨拉丁讨论交换双方俘虏事宜。他们一再声称理查一世很想与阿拉伯人化干戈为玉帛，萨拉丁对他们也是以礼相待。双方很快就在俘虏交换问题上初步达成协议，商议将所有的战俘分成3批，每隔一个月交换一批。

战俘问题的谈判刚结束，英国使者便提出了想看一看那个十字架的要求，萨拉丁爽快地答应了。当这两个英国人看到十字架时，表现出了令在场阿拉伯人感动的敬意。他俩不顾浑身沾满泥土，跪在地上，不住地亲吻着十字架，看上去相当虔诚。萨拉丁被英国人的举止言谈感染了，在英国使者次日返回阿克城时，他托使者给理查一世带去了包括香料和布匹在内的许多礼物，以示友好。

接着，渴望和平的萨拉丁带着随从和卫队来到阿克城附近的色发莫城安营扎寨，目的是使双方战俘交换的交涉和实施更加方便。在以后的几天中，双方的使者接触频繁，萨拉丁越来越急切地希望能够早日交换战俘。在看到对方愈加急不可待时，理查一世则向萨拉丁提出了释放阿拉伯战俘

的一个附加条件：交付 10 万赎金和那个十字架。

对于萨拉丁来说，这是一个非常高昂的代价，尤其是那笔赎金是在短期内所无法筹措到的。但是，为了换回自己的战士，他只得忍痛答应了。8月 11 日是商定的交换战俘的日子，英国使者如期来到萨拉丁的营地。他们看到，阿拉伯人已经将十字架和交还的英国战俘准备好了，只是赎金还没有凑齐。

面对英国使者的质问，萨拉丁提出了建议：“有两个办法供你们选择，一是将我们的人送回来，并接受我们交出的战俘、十字架和现有的赎金。如果这样，我们会派官员到你们那里作为人质，以确保剩下的那部分钱尽快交给你们。另一个办法是我们现在就将战俘、十字架和赎金交给你们，但你们必须留下人质，直到我们的人获得释放为止。”

在请示了理查一世后，英国使者拒绝了萨拉丁的建议：“这样不行。你得先把协议规定的东西如数交给我们，我们将对你许下庄严的诺言，你们的人质一定会获得自由。”萨拉丁已经无路可退，于是，拒绝了英国人的要求。他很清楚，如果将赎金、十字架和英国战俘都交出去，那就无法防止英国人背信弃义。

在占领阿克城后，理查一世不止一次地明确许诺：一定保全这批阿拉伯战俘的性命。特别是双方在进行谈判交涉时，他还一再表示：如果萨拉丁肯交付赎金，他就将恢复战俘们的自由；如果萨拉丁不愿支付赎金，他就将把这些战俘变为英国十字军的奴隶，但绝对不会杀害他们。

但事实上，理查一世根本就没有打算要释放阿拉伯战俘。他不仅对落在阿拉伯人手中的英国战俘漠不关心，而且对自己手中的这些阿拉伯战俘也耿耿于怀。他知道，这是一批英勇善战的阿拉伯勇士，在战场上，他们曾打得十字军死伤惨重，如果释放了他们，无疑又是放虎归山。因此，强烈的报复情绪和恐惧心理早就导致他要杀害这些阿拉伯人，交换战俘的举动，不过是想利用萨拉丁对自己部下的关心，来敲诈阿拉伯人一番。当意识到萨拉丁和阿拉伯人不会中计后，理查一世恼羞成怒，决意要用最刺激的方式来处死这批阿拉伯战俘。

8月20日下午，阿克城的城门打开了，在全副武装的十字军士兵以及随同参战的耶路撒冷圣约翰骑士团武士的簇拥下，理查一世出城了。他们径直走到郊外的的一片开阔地。在理查一世到来前，卫兵们已经在面对阿拉伯人阵地的位置上升起了理查一世的帐篷，手持利器的士兵们端端正正地站立在两旁，面对面地排成两行。一切停当后，只见理查一世一挥手臂，所有的阿拉伯战俘被押了上来，他们个个都被捆绑得结结实实。理查一世冷笑着看了一会儿，突然，大吼一声，两旁的士兵立刻挥舞着刀剑和长矛，呼啸着冲杀了过来。刹那间，开阔地上鲜血横飞，喊声震天。

一位阿拉伯翻译顿时被吓得目瞪口呆，过了好一阵，才意识到这是一场蓄谋的大屠杀。于是，他不顾一切地向阿拉伯军队的阵地飞奔而去，向前线的阿拉伯军人呼喊着，要他们赶快去营救战俘。萨拉丁闻讯后，立刻率军出阵营救。然而，当他们赶到时为时已晚，战俘们已经被杀光了。悲愤的阿拉伯战士马上同还没有来得及撤出开阔地的十字军军人展开了拼杀，战斗一直进行到深夜。第二天天亮时，人们看到漫山遍野都是战俘与双方军人的尸体。

理查一世在阿克城令人发指的行径很快在阿拉伯各地传开了。虽然他的狡诈与残暴令人震惊，但是，这些并没有使阿拉伯人屈服。在以后的一年中，理查一世继续在阿拉伯各国南征北战，占据了不少地盘，甚至还重创过萨拉丁的军队，但是，十字军一直没有如愿地取得梦寐以求的胜利与财富。理查一世曾经两次兵临耶路撒冷城下，但又两次兵败。由于征战时间太长，十字军已经是人困马乏。而就在这时，消息传来，在阿克城与查理一世分道扬镳的法王腓力二世正在与理查一世的弟弟约翰进行密谋，打算联手颠覆理查一世。这使得理查一世不敢在东方恋战，赶忙要求与萨拉丁议和。1192年9月，在萨拉丁基本上没有作出让步的情况下，双方签订了和约。接着，理查一世急急忙忙地打道回府。

最神气的战俘——骑士战俘

提起中世纪，大多数人首先想到的恐怕就是骑士制度了，它几乎是中世纪的标签之一。关于骑士，有着种种美丽的传说，比如，他们居住在古色古香的城堡中，过着贵族般富足的生活；他们和贵妇人之间浪漫的爱情故事；他们的慷慨和行侠仗义，等等。但是，真正的骑士，恐怕就没有传说中的那么轻松和写意了。他们是一群骑马执剑的人，是随时等待着去战斗的人，是拿生命去换取荣誉的人。中世纪战争频繁，在宗教神学一统天下的欧洲，战争的残酷性比起古代的中国，可以说是有过之而无不及。那么，骑士如果被俘房，下场会如何呢？

很有意思，在欧洲，如果不涉及宗教仇恨，们通常不会杀害骑士战俘，反而将他们当作发财的工具。而一个骑士，最渴望的也不是能杀多少敌人，而是能活捉对方的骑士，因为这样，他们就可以向对方索取价值不菲的赎金了（可能就是被俘虏骑士的全部身家）。

骑士无论是参加比武还是实际打仗，都要遵守某些规则和惯例。例如，不能偷袭，也就是说，一个骑士不能进攻另一个毫无防备的骑士，而必须先告知对方，让他做好准备。突然袭击是一种可耻的行为。另外，当一名骑士俘虏了另一名骑士后，必须善待他，敬俘虏如上宾。为什么会有这些规则呢？这主要还是出于利益。因为今天，你虽然俘虏了别人，但也许明天自己就会成为俘虏，所以双方都要留后路。此外，骑士们不杀俘虏，多少还有些"英雄惜英雄"的意味。同时还有一个更重要的原因，就是担心杀戮或伤亡过重会引起严重的复仇。因此在中世纪的战场上，死得最多的是地位低下的步兵。

中世纪文学作品里，对骑士有这样的描述："我是一名骑士，骑马出行，寻找一个男子，像我一样武装，愿与我格斗。如果他能打倒我，就会提高他的声誉；如果我能战胜他，就会成为英雄，得到前所未有的尊敬。”但是，尽管骑士好斗，但他们在战场上往往不以杀死对方为目的，他们更希望俘虏对方。例如，在1106年的廷切布雷之役中，英王亨利一世打败所有的诺曼底人，俘虏了400个骑士，但亨利的骑士却没有一个阵亡。1119年的一次骑士大战，900个骑士中，只有3个被杀死。布汶之役是流血最多的一场战役，1500个骑士中，也只有170个丧生。为什么会这样呢？这并不是因为骑士们的盔甲有多厚，而是基于骑士间的默契。因为根据惯例，骑士双方都要求善待俘虏，并可以索取合理的赎金额，很少有骑士会破坏这种誓约。曾有历史学家指出：中世纪战争使封建主获得土地与农奴而发财，也使得骑士因获得战利品与赎金而致富。

根据历史记载，英法战争时，在克里西及普瓦泰被俘的法国骑士，与俘虏他们的英国人融洽地生活在一起。这群在战场上互相搏杀的人，竟然可以一起吃饭、运动、娱乐，直到被赎回为止。

用金钱赎回被俘骑士的方式，在当时非常普遍，连国王也如此。例如我们前面提过的那位残暴的狮心王——理查一世，其实他自己也做过俘虏，他在十字军战争时被内哄的奥地利人俘虏，后来英国人用重金赎回了他，他照样是人们心中的英雄骑士国王。法王路易九世也有同样的经历。除了打仗外，骑士们还经常举行比武大会，虽然只是比武，但伤亡仍是常事。例如，1240年诺斯的一场比武就有60名骑士死亡，而失败者成为俘虏，成为对方榨取赎金的工具。

在中世纪的欧洲，剑是力量的象征，佩剑是骑士精神的化身。查理曼的法国国王明文规定：“骑士如果被俘，不得用自己的剑当赎金。”“哪怕失去人身自由，也不能放弃自己的剑。”这几乎是所有骑士的共识。

在欧洲，有一个著名的名词——圆桌会议。其实，圆桌的由来就和骑士有关。他是著名骑士亚瑟王发明的，其寓意是因为是圆形桌子，所以在桌面一坐，没有上下级，没有君臣，大家都是平等的骑士。但要想坐上亚瑟王的圆桌，门槛还是很高的。据说，亚瑟王的圆桌曾经坐下过 150 个骑士，但后来历史留名的只有 12 个，其中最显赫的骑士就是亚瑟王自己。另一个最有名的就是最英俊、智慧、忠诚的加温。

历史事件特写：一个亚瑟王被俘的传说

在欧洲，有一个非常知名的故事。故事是这样的：尽管亚瑟王威风八面，但仍然曾经在一次跟邻国的战争中被俘虏。作为一流骑士，亚瑟王即使成了俘虏，也尊贵不失身份，而且风流倜傥，让俘虏他的国王很是欣赏，所以决定放他一马，但条件是必须回答一个问题：女人真正想要的是什么？答不对就必须受死。

于是，亚瑟王只好到处向各类女人请教，得到的答案五花八门。有人说珠宝，有人说是精致的手饰、华美的丝绸、巍峨的宫殿、俊美的老公，等等。亚瑟王凭直觉知道这不是正确答案，正当他一筹莫展时，有人告诉他，森林里有个老女巫什么都知道。

亚瑟王前去请教，女巫提出了一个条件：让亚瑟手下最英俊的加温娶她为妻！这个老女巫长得恶心至极，她形容枯槁，皱纹比菊花还密，缺牙豁嘴，身上还散发臭气。亚瑟王一口拒绝了她：作为骑士，兄弟之义是神圣的。就算是死，也不能让自己的兄弟受这样的委屈。但加温自己却毫不犹豫地答应了，女巫终于说出了问题的答案：女人最需要的，是能够掌握自己的命运！这个答案让所有的女人都产生了共鸣，亚瑟王也被释放。

婚礼在骑士团哀伤的心情中结束，然而，令加温没有想到的是，一进洞房，在床上等他的是个绝世的美女。她告诉加温，她一半是绝顶美女，一半是老丑巫婆，并让加温自己选择，是希望她白天美丽还是夜晚美丽。

这是个艰难的问题，选白天美丽可以保全面子，选夜晚美丽可以让自己享受。但加温很聪明，他回答女巫："既然女人最想要的是掌握自己的命运，那么就由你自己选择吧。"女巫很满意这个答案，于是她给了加温最佳选择：不论白天还是黑夜，加温都会拥有一个美丽的妻子。

酷睿点评

披上宗教的外衣，连杀人都可以这么冠冕堂皇。传说中的“尸身血海”，在中世纪的欧洲找到了“现场版”，尽管现在，很多人都试图用电影等技术手段去还原那段历史，但恐怕再高超的技术，也没有那个年代本身来得那么震撼。不得不承认，在法律还不完善的时候，宗教在约束人的欲望上的确是发挥过作用的，然而再好的东西，一旦成为工具，也就变了味。看来，“过犹不及”的确是一句四海皆宜的至理名言。

五 近代战俘：征服与反抗中的世界

自从哥伦布发现新大陆，欧洲社会就进入了近代社会。在探险与征服的过程中，非洲、美洲的许多部落都沦为欧洲人的战俘。这一时期，也是西方人瓜分世界的时期，其中还穿插了英法百年战争、法意战争、法德战争、拿破仑战争等一系列战争，因此战俘问题可以说是非常复杂。

“我敬重勇敢的人”——被拿破仑破例释放的战俘

拿破仑毫无疑问是近代欧洲的风云人物，他是一个十分能征善战的人。野心勃勃的他一直梦想着能够在欧洲称霸，他四处征战，打败了不少国家。另一个欧洲强国英国，担心拿破仑的扩张会损害自己的利益，于是联合欧洲其他国家组成了一个“反法同盟”。在这场长期、激烈的战争中，双方都会得到一些战俘。其中有两名战俘，以其勇敢得到了拿破仑的赞赏，并被破例释放，这在当时是绝无仅有的。

那是1804年，从法国凡尔登战俘营逃出了两名英国战俘，他们千方百计地逃到了与英国隔海相望的布伦港口，并用几块找来的小木板制成了一个简陋的、一米来长，一个人就能扛起的小木筏，并计划乘这只木筏逃离虎口，回到祖国。

但是实施起来谈何容易，海上风浪那么大，在当时的条件下，即使上精致的轮船，也时有翻船的现象发生，更何况是这艘小小的木筏！这一点，这两名战俘心里也自然明白，但他们没有气馁，因为当时英国海外贸易发达，海上有许多英国船只出没，要是能够在大海中遇上一艘英国船，他们就回家有望了。

但这只是最完美的想象，事实上，他们的逃跑之路危险重重。首先他们有可能被法国海岸部队发现，一旦被抓回就只有死路一条。再者说，即使他们幸运地逃离了法国，但很可能没有遇到船只，就已经被无情的大海吞没。

但是回家的心，激励着这两名英国的勇士，他们决心，再危险、再困难，甚至哪怕只有一线生机，也要靠这艘小木筏回到家乡与家人团聚。终

■1804年，从法国凡尔登战俘营逃出了两名英国战俘。

□1804年5月18日，法兰西第一帝国建立。

拿破仑　　5－1

于有一天，他们在岸边发现海面上出现了一艘英国军舰，于是立即驾着木筏向海中划去。不幸的是，在离海岸不到二百米的地方，法国士兵发现了他们，并将他们抓了回去。按照惯例，他们必死无疑。但是很快，这两名英国俘虏的冒险精神和英雄事迹就传遍了整个港口，也传到了拿破仑的耳朵里。

人物小传

拿破仑

拿破仑，1769 年出生在科西嘉岛的阿雅克肖城，他的家族是一个意大利贵族世家，科西嘉岛刚刚被卖给法兰西王国后，法王承认其父亲为法兰西王国贵族。在父亲夏尔·波拿巴的安排下，拿破仑9岁时就到法国布里埃纳军校接受教育。1784年以优异成绩毕业后，被选送到巴黎军官学校，专攻炮兵学。

16岁时父亲去世，他中途辍学并被授予炮兵少尉头衔。在随部队驻防各地期间，他阅读了许多启蒙思想家的著作，其中卢梭的思想对他影响非常大。1789年法国大革命爆发后，拿破仑回到科西嘉，希望推动科西嘉独立，但遭到另一个亲英反法的保利集团排挤，最后全家都逃往法国。

1799年11月9日，拿破仑发动了雾月政变并获得成功，成为法兰西共和国第一执政，实际为独裁者。他企图统一欧洲，并获得多次胜利，令欧洲其他国家闻风丧胆，但终因滑铁卢一战失败被俘，后被流放。1821年5月5日，他在圣赫勒拿岛因砒霜中毒而死。

在欧洲，拿破仑早已威名远播，他的名字能让许多小国家的君主吓得发抖。但是这件事，却让霸气的拿破仑像个孩子似发笑，他很好奇。他要亲眼看一看，这两个英国人是怎样的人，能有这样的勇气，他们的小木筏到底有什么神奇之处。

在他的命令下，士兵们让这两个英国战俘带着小木筏来见他。拿破仑看到这个小木筏时，完全傻眼了，这个异常简单的逃跑工具让他不可思议。他有些不相信地问到："这个木筏就是你们要渡海回国的工具吗？"

这两名战俘毫不畏惧地说："是的，陛下。您如果不相信，可以放我们走，我们用行动证明给你看。"

拿破仑沉默了许久，最后，他不仅没有杀死这两名战俘，反而送给他们一些金币，让士兵将他们送到英国人的轮船上，并对他们说："你们走吧。我不论在哪，都十分钦佩勇敢的人，而你们就是这样的人。你们要对自己的生命负责，所以不能再冒险了，我放你们离开。回到伦敦后，你们要对同胞说，就算是我拿破仑的敌人，只要他是勇敢的人，也能获得我的

■1860年10月7日，英法联军火烧圆明园。
□1860年8月2日，李秀成大破洋枪队于江苏青浦。

敬重。”

这两名英国战俘，他们在身处绝境时，仍然有一颗勇敢的心，并用自己的勇敢征服了拿破仑，获得了新生，实在令人佩服。而拿破仑英雄惜英雄，有着宽广的胸怀，也不失为一段佳话。

值得一提的是，拿破仑这位昔日的战神，自己也曾两度沦为战俘。第一次，他得以侥幸逃脱，并卷土重来。但滑铁卢一战中，他再次被俘。这一次，他的运气就没那么好了，曾经的欧洲霸主，在一个荒岛上度过了自己的余生。

色当惨败：拿破仑的侄儿皇帝也曾为战俘

在拿破仑之后，他的侄儿——拿破仑三世也不幸做了战俘。与其叔叔拿破仑相比，他的这次战俘经历可以说是更加狼狈，也被很多法国人公认为是最耻辱的一段历史。导致他沦为战俘的那次战斗，是色当战役，也被称为“色当惨败”。

那是普奥战争结束后，普鲁士日渐强大，铁血宰相俾斯麦上台后，下定决心要统一除奥地利以外的所有德意志的国家。但是，要实现德意志的最后统一谈何容易，尤其是位于法国周围的四个小邦国，俾斯麦知道，法国早就有吞并它们的野心。

但对于俾斯麦这个强势的人来说，他又怎么会退缩呢？他早就等得心痒痒了，希望找个借口与法国打一仗。当时的法国，处在拿破仑的侄子路易·拿破仑统治之下，史称拿破仑三世。他和他的叔叔拿破仑一样，也是个野心家和冒险家。他狂妄至极，总希望通过战争称霸欧洲，他的皇后欧仁妮甚至公开说：“不发动战争，我们的儿子怎么当皇帝？”他当然不希望

■1861 年，美国南北战争爆发。
□1861 年 2 月 19 日，沙皇俄国改革废除农奴制。

德意志统一，甚至希望它越分裂越好，因为这样法国才可以从中渔利。

就这样，两个富有野心的对手恰好遇到了，战斗在所难免。普、法双方各怀鬼胎，都在寻找挑起战争的契机。最终还是让法国抢了先，普奥战争刚结束，拿破仑三世就派人要求普鲁士兑现战前许下的诺言，即同意法国侵占比利时和卢森堡，还提到了那四个小邦国的领土划分问题。这简直就是要从普鲁士身上割肉，俾斯麦是什么人，他当然不会同意。

矛盾进一步尖锐化，但法国并未立刻动武。接踵而至的西班牙王位继承人问题，终于成了战争的导火索。原来，西班牙女王伊沙贝拉被1868年的西班牙革命推翻后，一直流亡国外，王位这个肥缺就空闲了下来。俾斯麦看到有利可图，派人收买了新成立的西班牙临时政府，提议让普鲁士国王威廉的堂兄去继承西班牙王位。倘若普鲁士的亲王做了西班牙的国王，那么打起仗来，普鲁士前后夹击，法国就会腹背受敌。

人物小传

拿破仑三世

拿破仑三世，全名路易·拿破仑·波拿巴（1808—1873），法兰西第二共和国总统（1848—1851在位），第二帝国皇帝（1852—1870在位）。拿破仑一世之侄子，拿破仑二世之堂弟。

拿破仑三世于1808年4月20日生于法国首都巴黎。第一帝国崩溃后，随母居住瑞士，就学于该国军校，后成为炮兵中的军官。1831年支持意大利烧炭党运动，并参与罗马地区起义。1836年他在斯特拉斯堡发动军队暴动，反对七月王朝，失败后被流放到巴西、美国。不久后他回到欧洲，并于1839年留居英国。1840年他在布洛涅再次冒险发起暴动，被判终身监禁。1846年越狱成功，出逃英国。1848年革命爆发后，回到法国。9月当选制宪议会议员。12月10日主要依靠农民选票当选为共和国总统。1851年12月2日他发动政变，解散议会，

■1868年，西班牙革命推翻西班牙女王伊沙贝拉，女王被迫一直流亡国外。

□1868年2月14日，安德鲁·约翰逊成为美国历史上第一位被国会弹劾的总统。

稍后，又血腥镇压了巴黎无产阶级的反抗。1852年12月2日称帝，称拿破仑三世，建立法兰西第二帝国。

他执政期间，多次对外发动战争。1870年7月19日，他在普法战争中亲临前线，同年9月2日在色当战败投降，被俘于威廉堡大牢，时年62岁。《法兰克福条约》签订后他被释放，随即流亡英国，1873年1月9日病故于英国肯特郡的奇泽尔斯特，享年65岁。

拿破仑三世也不傻，他立即抗议，说西班牙王位应由西班牙人去坐，否则法国也可派去一个国王。正在双方剑拔弩张时，这位亲王自己放弃了候选人资格，因为他不想为此引发一场战争。但拿破仑三世看到事情这么容易摆平，认为普鲁士怕他，所以得寸进尺，要求普鲁士作出书面保证，今后决不再派任何普鲁士国王家庭的人去任西班牙国王。

俾斯麦本来就很不爽，如果不是法国多事，普鲁士的亲王已经成为西班牙国王了。于是，在得知法国进一步的要求后，他终于爆发了，在思索良久后，他突然抬起头来问身旁的参谋总长毛奇和陆军总长房龙："如果与法国开战，我们的胜算有多大?"

这两个人也是崇尚强权的人，早就等待着一场战争。听到领导俾斯麦有打仗的想法，心里那个激动，于是立即回答："一定取胜，我们会全力支持你。"俾斯麦喜形于色，为了将战争的责任推到法国身上，他没有立即对法国动武，而是用了一个小计谋：发表了一个故意激怒拿破仑三世的电文。

这份电文措辞十分无礼，几乎引起所有法国民众的气愤。拿破仑三世更是火冒三丈，认为普鲁士是在让自己出丑。就这样，1870年7月19日，法国宣布对普鲁士开战。对于这次战斗，拿破仑三世抱有必胜的准备，甚至大言不惭地说："我们这只不过是到普鲁士作一次军事散步!"

只可惜，拿破仑三世虽然有他叔叔拿破仑那样的雄心和勇气，却没有那样的才能。应该说，从战争双方的实力对比来看，法国是有明显优势的。当时法国已经经过了第二次工业革命，在武器上是比较先进的，而德国的

■1870年7月19日，法国宣布对普鲁士开战。
□1870年5月25日，英国爆发爱尔兰自治运动。

普法战争油画　　5－2

工业革命才刚刚开始，装配自然比法国落后得多，所以也难怪拿破仑三世会如此自信。但战争的结果，却出乎全世界的意料。

拿破仑三世把号称40万的大军调到前线，准备先发制人，一举攻入德意志境内，他自封司令，于7月28日到前线视察。结果他惊奇地发现，军队的实际数目只有20万，而且装备不齐，物资不足，编制混乱，很多官兵还未找到自己所属的部队，简直乱成一锅粥。于是只好等待，就这样，法军坐失良机，普军却赢得了时间。

战争的结果让全世界为之震惊：欧洲大陆上仅次于英国的第二强国法国，败得如此之惨。拿破仑三世看到情况不妙，立即将帅印转交他人，自己坐上马车逃跑。8月14日，整个军队完全陷入了普军的包围之中，没有反抗之力。拿破仑三世看见大事不妙，只好继续逃跑。到8月30日，法军不得不退守色当。

9月1日，色当会战开始了。不到一天的时间，法军就支撑不住了，在色当城楼举起了白旗投降。厚颜无耻的拿破仑三世在投降书写道："我亲爱的兄弟，因为我未能死在战场上，所以我只能把自己的佩剑献给陛下。我希望继续做你的好兄弟，拿破仑。"就这样，9月2日，拿破仑三世会见德国首相俾斯麦，正式签署了投降书。包括拿破仑三世本人在内的39名将

■1870年8月30日，拿破仑三世不得不退守色当。

□1870年6月21日，天津教案发生。

军，10 万名士兵全部成了俘虏。9 月 3 日，拿破仑三世向巴黎发电："我们失败了，全体官兵和我本人都已成为俘虏。"

在这场战役中，法国是绝对的惨败，法军损失 12．4 万人，而普军只损失了 9000 多人。消息传到法国，舆论哗然，法国资产阶级趁机发动政变，将拿破仑三世赶下台，推翻了帝制。1871 年，拿破仑三世被释放，他被迫流亡英国，并与妻子、儿子会合。两年后，他在英国肯特郡的奇泽尔斯特病死，享年 65 岁。

鸦片战争期间唯一的清廷将军战俘

在中国长达两千多年的封建社会里，"忠君爱国"、"杀身成仁" 的思想可以说是根深蒂固，并且越到后期，越是坚固。所以，鸦片战争时中国虽然战败了，但战场上的清军要么战死要么逃跑，在长达两年的战争中，竟然无一人投降或被英军俘虏。当战争即将失败，将士们看到撤退无望时，几乎所有士兵，都不肯做俘虏，而是不顾刀剑和炮火的悬殊，去和英国人拼命，有些文职人员干脆就自尽。在第二次鸦片战争中，八里桥和通州那一战，上万清军战死，但也仍然没一人投降或被英法联军俘虏。后来的中法战争，从中法双方的历史记载来看，清军也没有一个人投降或被俘，反而是清军抓了不少法军俘虏。据记载，英法联军唯一抓到的一个俘虏，就是当时的两广总督叶名琛。

叶名琛生前叱咤风云，因深谙做官之道及镇压各种内部起义而官运亨通。他在对待起义军和战俘时，可以说是心狠手辣。在广东红兵变乱的高峰期，他亲自勾决犯人，有时一天竟然就屠杀近千名起义军俘虏，平常也是"每天有八百名被捕的叛乱者在刑场被斩首"。如果一天只有三百到四

■1870 年 9 月 2 日，拿破仑三世会见德国首相俾斯麦，正式签署了投降书。
□1870 年 9 月 4 日，巴黎爆发革命，宣布建立共和国，这是法国历史上第三个共和国。

百人被杀死，叶名琛就会很不满意，认为太少了。有人曾经这样描述屠杀后的广州城惨象："天啊！这是一种什么景象！血流遍地，街道两旁，被砍掉头的尸身堆积如山，等待掩埋，但却并没有任何准备清除的迹象。……土地已完全被血水渗透，散发出污秽恶臭的气味。"1855 年的 6、7、8 月中，就有 75000 名俘虏被杀。也正是这些俘虏的鲜血，造就了叶名琛在官场上的平步青云。即使在 1856 年 10 月，在清政府与英法联军交火的情况下，叶名琛向上奏报的仍然是一份份"剿匪"战报。然而，也许他压根儿没有想到，有朝一日自己也会成为俘虏。

第一次鸦片战争　　5-3

抗英战争中，他以"不战、不和、不守、不走、不降、不死"的态度著名。于是，在广州城破后，他被英军俘虏，并押解到印度加尔各答关押。为什么把他送去遥远的印度囚禁，原因有些可笑：英国人把叶名琛当作了"东方的拿破仑"。众所周知，欧洲人在 1814 年首次俘获了拿破仑后，曾把拿破仑关押在地中海的一个小岛上。但在 1815 年 3 月，拿破仑没费多大功夫就逃跑了，并且卷土重来。于是，在滑铁卢之战中拿破仑兵败再次被俘后，欧洲人吸取教训，把他流放到一个荒芜人烟的小岛上，这才免除了后患。由于叶名琛是元帅级的俘虏，所以英国人很看重他，没有把他囚禁在中国。

■1871 年，拿破仑三世被释放，他被迫流亡英国。

□1871 年 1 月 18 日，德意志帝国建立，德国统一。

人物小传

叶名琛

叶名琛，生于嘉庆十二年十一月，原籍江苏溧水柘塘叶家村（今柘塘乡大陈村），自曾祖起侨居汉阳。他自幼勤奋好学，年轻时便与其弟叶名沣“以诗文鸣一时”。道光十五年（1835）中进士，道光十八年（1838）任陕西兴安府知府。道光二十八年（1848）任广东巡抚，与总督徐广缙一同支持在鸦片战争后阻止英国人入广州城的运动。

1851年，叶名琛因镇压罗境、南韶等地的天地会起义，翌年升任两广总督。咸丰六年（1856）9月10日，亚罗号事件爆发，英国领事巴夏礼启书责难；叶名琛采强硬态度，不与英国妥协，仅释放被捕的十三名水手，但拒绝道歉，导致第二次鸦片战争爆发。

咸丰七年（1857）11月14日，联军占领广州，叶名琛在副督统双喜的衙署内被擒获，解往停泊在香港的军舰“无畏号”，48天后，“无畏号”驶离香港。英国人将其送往印度加尔各答，暂被囚禁在威廉炮台。次年4月9日戌时，死于囚所，据悉是绝食而死。

英军认为，叶名琛在广东经营十多年，旧部很多，影响力很大，如果把他关押得距离广州太近，不仅广东有可能派出营救小队，而且东南亚的华侨和华人也会帮助营救他。这一点，可以从当时的英军统帅额尔金的信中找到论证，他在信中写道：“不少人对我谈及一个不能掉以轻心的问题，他们都说，把叶留在广州会使人心不稳，给重新回复秩序和信心带来困难……显然，把他送到海峡殖民地去是不行的，因为这些地区大多数居民是中国人。”

但是，英国人显然是高估了叶名琛在清政府心目中的地位。事实上，

■1999年4月9日，美国成立了世界上唯一的一个名副其实的战俘博物馆。

□1999年3月24日，以美国为首的北约向南联盟发动大规模空中打击。这是北约成立以来首次未经联合国授权而对一个主权国家进行武力干涉。

咸丰帝在得知叶名琛被俘后，不仅没有任何营救或者通过交换战俘来救他的想法，反而因为害怕英法联军把他作为要挟工具，罢免了他的一切职务，并通知英方说叶名琛现在已经是一介草民和罪人，他的生死不关清政府的事。还示意其他抗英将领，说："该督已辱国殃民，生不如死，无足顾惜。"从这也可以看出，在封建时期的中国，失败被擒是一件让人鄙视的事情，所以无怪乎将士们宁可死，也不做俘虏。

历史事件特写：叶名琛处理亚罗号事件

亚罗号原本是一只不起眼的小商船，就跟当时众多的中国商船一样，它利用了国际法中船舶管辖权的惯例，曾经在英属香港登记，以期规避中国官方的检查，干些规则之外的勾当。但是，当中国登船查禁海盗时，这只船的登记证刚好过期。中国对此船的检查符合国际法规定，后查出克罗号是海盗船，于是将此船扣押。

英国人巴夏礼得报后赶往码头，拿出《虎门条约》，要求按照规定将人交还。巴夏礼极为强横，双方争执中，一个水勇打了巴夏礼一巴掌。巴夏礼旋即转而向两广总督叶名琛施压，要求放人，并公开道歉。在迅速审讯后，叶名琛照会英国领馆，拒绝放人。后来，巴夏礼发出最后通牒，限叶名琛24小时内释放全部水手，并正式道歉。

面对英国的最后通牒，叶名琛决定让步，当天他答复可以交换除了海盗的另外10人。次日，巴夏礼坚持原见。叶名琛只好决定派南海县丞许文深亲自解送全部12名水手到英国领馆，但坚决不道歉。此时英国人无心再谈，拒绝接受人员，炮轰广州城。第二次鸦片战争爆发了。

叶名琛处理亚罗号事件，从纯粹的外交手段上而言，他做到了有理、有利、有节。英国人的蓄意侵略和叶名琛的处理手段，得到马克思的理性评价。他说，面对英国人的蛮横无礼，"中国官吏心平气和，冷静沉着，彬彬有礼"。

就这样，叶名琛搭上了开往印度加尔各答的军舰，在上船前，他曾命令仆人从家中自带干粮。途中，他因为晕船呕吐不止，但他仍然正襟危坐，坚持不哼一声。被俘后，叶名琛一直自命为“海上苏武”，以表明自己不忘祖国之志。在印度一年多的俘虏日子里，他常常通过翻译从报纸中了解中英战争的信息。看到清军不利，就忍不住叹息；如果有中国获胜的信息，就喜形于色。也因为如此，对他的评价，一直都存在着争议。有人说他屠杀起义军，是个双手染满鲜血的刽子手，有此下场纯属报应。也有人认为，在忠君思想根深蒂固的时代，剿灭起义军是他的职责所在，即使身为俘虏，他也心系祖国，是个忠诚爱国的人。

俘虏生涯是凄惨的，叶名琛一生享尽尊荣，一旦沦为阶下囚，命运也由不得自己做主。据说，他曾经被英国人像动物一样关在笼子里任人观赏，这对于“士可杀不可辱”的封建文人士大夫来说，该是一件多么生不如死的事情。叶名琛最后的结局也让人唏嘘，史料记载说，他因为吃完从家中携带的食物后，吃不惯异国的米，于1859年绝食而亡。究竟是因为吃不惯异国的饭而绝食，还是刻意自杀，恐怕就只有叶名琛自己知道了。幸好，英国人后来在木棺外裹以铁皮，把他的尸体运回了广东，叶名琛也得以魂归故里。

火烧圆明园竟然是因为战俘而起？

在火烧圆明园前夕，英法与清政府的战争已经结束，只等双方正式签约。为什么后来会火烧圆明园呢？据说这和战俘有关。英法长期以来不认为自己有罪，原因是清政府虐待、虐杀战俘在先，他们只是报复。这到底是怎么回事呢?

1860年9月22日，英法收到恭亲王奕䜣发来的照会，说他受命为全权钦差大臣，要求英法停火。英法回应，不放回俘虏就不能停火（这些俘虏大多是被清政府扣押的谈判代表)，更不能恢复谈判。恭亲王表示，所有的俘虏都平安，但要等到和议达成后才能释放他们。英法不同意，回应如果中方能在三天内交回俘虏，就愿意在和约上签字，否则如果英法继续向北京挺进，是不违反国际法的。如果当时恭亲王作出让步，就算不能避免继续战争，可能也就不会发生火烧圆明园的事情了，但当时的清政府，眼中并没有“国家利益”这个概念，只讲究“不失国体”，也就是政府不能丢脸，因而坚持不肯先交回俘虏。

当时，英方随军翻译巴夏礼，也被清政府用计俘虏了。可是，英方并不怎么担心，因为他们相信巴夏礼的才干和能力，认为巴夏礼一个人就顶一支军队。但是法军认为，发动攻击是救出这些人质的最好办法。

巴夏礼得以释放后，曾向英法和全世界讲述了他当俘虏时的经历，据他所说，他体验到了东方的特别刑罚。他说中国人教训他的方式，就是让人摁着他的头，在地面上连续磕响头。巴夏礼抗议说:“我是谈判人员，打着休战白旗从你们防区经过的，且得到过你们明确承诺，给予通行安全。你们现在为什么不守信用呢?”清政府的代表没有理会，摁住巴夏礼的头，又是一顿猛磕。

英法于是继续北进，前方炮声响了，清政府于是命人把一批俘虏装到车上，送往北京。中国的车子没弹簧，所以俘虏们很不舒服，而且他们的手上被勒了皮绳，这样子坐在车上颠得东倒西歪，也不能用手扶，滋味可想而知。这些养尊处优惯了的白人哪里受过这种罪，自然视此为虐待。

巴夏礼和当时英国统帅额尔金的私人秘书洛奇都被关到了刑部大牢。洛奇在出狱后，曾写过回忆录，说自己最担心的是捆在手上的皮绳，那皮绳用水湿过，而且越勒越紧，勒几天手腕处即开始腐烂并且生蛆。

巴夏礼和一帮中国囚犯关在一起，有意思的是，刑部给他定的罪名居

曾经美丽的圆明园 5－4

然是“谋反”。清政府竟然把外国敌人当自己臣民来定罪，这在世界上恐怕都是绝无仅有的。审讯时，对他也不算太狠，虽然威胁说要砍他的头，但最多是拉着他的头发或者耳朵在地上拖来拖去。从中国的刑罚史来看，这种审讯还算是比较温和的，并不算特别虐待。

其他俘虏被关在了圆明园，据说皇帝曾秘密审讯过他们。被关在圆明园的俘虏就惨多了，他们双手被捆，整日下跪，三天水米未进，手腕处被皮绳勒得腐烂了，生出蛆虫。据后来得以生还释放的人回忆说：“当时被俘虏的人，包括《泰晤士报》记者鲍尔比，他在第四天死去，尸体在牢房里放了三天都没人管，后来被扔到野外，让狗吃了；另一个人手脚被勒得生出了蛆虫，他看着蛆虫在身上蔓延，觉得既恶心又害怕，于是在精神错乱中死去；一位法国人，蛆虫进了他的嘴巴、耳朵、鼻子，也疯掉了；有个活下来的人居然还在狱中数蛆虫。”

到了9月13日至16日，在英法的强烈要求下，清政府迫于无奈，陆续把俘虏放还。但英法联军一看这些俘虏就火了：总共俘走39人，活着回来的只有19人。有些人的尸体被大卸八块，还有些人腐烂得已经认不出了，还有些人根本就找不到尸体了。再听听活下来的人添油加醋的描述，更是让这些高傲的白人怒不可遏。

于是，英法召开了会议，都同意要惩罚清朝“这个野蛮的政府”。按照西方的游戏规则，也就是万国公法规定，凡使臣性命不保，它日城破，可以鸡犬不留。但在到底如何惩罚上，英法产生了分歧。

英国额尔金认为，这些可怜的俘虏是在圆明园内受到虐待的，那么就必须将这个园子夷为平地。英国另一个建议就是，由中国政府出钱，在天津设立纪念碑，用满文、英文、法文刻上清政府认罪的碑文，然后由清方大臣护送死者尸体到天津参加揭幕仪式。

法国提出了反对意见，首先，圆明园没有设防，属于非交战区，烧圆明园属于无益之报复。另外，立碑一事实施起来也很困难，清政府骄傲惯了，受不得这等侮辱，刺激得太过分，说不定会影响谈判。再者，真要报复，最好的方法就是烧北京的皇宫，这比烧一个园子更让清朝统治者丢脸。

额尔金不同意烧皇宫，但最后他坚持要烧圆明园。于是，10 月 16 日，英方向清方提交最后通牒，一是拆毁圆明园，二是赔偿被虐待致死的英方人员补恤金 30 万两。第二天，又追加了一条，将虐待俘虏的清方官员严加治罪。

火烧圆明园在世界上引起了轩然大波，但额尔金认为他烧得有理，原因就是这些战俘手足捆绑，三天不进饮食，受到了野蛮对待。据说额尔金火烧圆明园的动力，很大程度上是源于《泰晤士报》记者鲍尔比的受虐致死。当时英国媒体将此事在国内公布后，引起英国人的愤怒，都要求报复中国皇帝。

关于火烧圆明园的原因，我们都解释为“弱国无外交”、“落后就要挨打”，这没错。英法联军的强盗行为是主要原因，但当时清政府在战俘问题上处理不当，也是一个诱因。说到底，这是由于，在几千年的封建社会里，统治者草菅人命是常事，认为死几个人不算什么，因此对这些战俘也处理得很随意。结果没有想到，当时的西方人早已有了“人权”这个概念，再

被烧毁后的圆明园　　5－5

加上“敌强我弱”，于是，悲剧的发生就是必然的了。

南北战争与美国最早的战俘博物馆

战争的历史有多长，战俘的历史就有多长。如此说来，战俘在人类历史上已经存在了数千年之久。但是建造一座战俘博物馆，却是20世纪人们才想到的事情。大概因为“战俘”并不是一个令人愉快的名字，所以从来没人有过这样的构想。在美国，最早的战俘博物馆是缘于南北战争。它是由战俘营演变而来的，坐落在美国佐治亚州的安德森威尔一个非常不起眼的小地方。

1861年，美国南北战争爆发，这是美国唯一的内战。它总共经历了4年的时间，南北双方阵亡高达62万人，双方有35万名军人被俘虏，而这里就是最大的战俘营。由于关在这里的战俘死亡率非常高，导致它名声很

坏。管理这个战俘营的军官威尔茨当时只是一个上尉，但他却掌握着近万人的生杀大权。据说，这位军官想尽一切方法来虐待战俘。虽然他不会直接杀死战俘，但如果他想让你死，你就一定活不下来。战争结束后，这个人因为虐待战俘而被处以战争罪，并被执行死刑。

这个结局到现在还有争议，因为当战俘像潮水一样涌来的时候，没有一个胜利者知道该如何理智地处理这些手下败将。战争开始后的第一年，双方都已经无法承受战俘的压力。毕业于西点军校的北军司令格兰特将军和南军将领罗伯特·李将军可谓是美国军事历史上的顶级名人。即使在南北双方打得难解难分时，两位将军还经常交换私人信件。人们从这些信件中，看到了许多涉及战俘问题的文字。双方后来签了一个协定，规定所有被俘的军人在10天之后必须相互交换，以这种独特的方式来减轻己方关押战俘的压力，从而不需要建规模巨大的战俘营，以及从前线抽调有生力量来看管这些随时可能造反的人。对于任何一方的指挥官来讲，这都是一个不得已的好主意。

由于南北战争主要发生在美国南方的土地上，所以，规定中的一些条款后来就走了样。条约中规定："被俘的士兵被交换回来之后不得再重新投入战争，必须解甲归田。"通常北军是按照这个规定做了，而相当一部分南军的俘虏看到北军侵占了自己的家园，义愤难平，又重新拿起了武器。北军为此大为恼火，于1863年5月，单方面中止了交换战俘的协议。这样一来关押战俘的矛盾骤然突出。本来所有的战俘营都是为了权宜之计而搭建的临时居住所，情况发生变化，战俘将不再是停留5～10天的过客，变成了无限期的长期住客后，战俘的数量越积越多，战俘营的条件也自然每况愈下。

既然北军违反了协议，南军当然也开始扣留和关押北军的战俘。安德森威尔战俘营就是南军用来关押北军的一个臭名昭著的人间地狱。从1864年2月，北军的第一批战俘到达这里后，在随后的几个月里，几乎每天都以400人的速度递增。4个月后，这里已经关押了1万多名战俘。这个战俘营在建造时预计关押的最大容量为1万名“临时俘虏”，而最终的事实是，它被硬塞进了4.5万名长期住客。

于是，在占地11公顷的俘虏营里，从来就没有事实上的营房，所有俘虏都住在一块用栅栏围起的林中空地上。战俘营不发任何生活用品，所有被俘的人完全依赖他们的随身物品。如果你是光着身子被俘的，那就意味着你只能光着身子在这里度过余生。庆幸的是这里位于美国南方，冬天还不算太冷，否则的话，这4.5万名战俘肯定将全部冻死。但即便如此，也有1.3万名战俘死去，死亡率高达29%。由于战俘营里关押的人很杂，条件又很艰苦，战俘们为了能活下去，可以说不择手段，他们组成了许多数不清的小团伙，彼此为了一点点生活必需品而相互仇杀。战俘们甚至还组成了自己的执法队以及临时法庭，并执行过数次死刑。威尔茨作为战俘营最高负责人，对于这种现象不仅没有干预，甚至认为战俘与战俘之间发生的抢劫谋杀行为，对自己来说是好事，只要没人跑掉就行了，这导致1865年4月威尔茨被北方的获胜者判处了死刑。

其实，北军对待南军战俘也不怎么样，在位于美国北部纽约州的埃尔米拉战俘营，死亡率也高达24%。由于纽约州位于北方，天气寒冷，所以关在那里的战俘大部分是冻死的。根据美国政府统计，在整个南北战争期间，有将近5.6万名战俘死在双方战俘营里。

也许是为了纪念曾经的苦难，1999年4月9日，美国正式在这里成立了国家战俘博物馆，它是世界上唯一的一个名副其实的战俘博物馆，也是世界上唯一的一座只关押过本国战俘的地方。

酷睿点评

尽管所有的教科书中，都对法国那两名乘坐小木筏渡海回国的俘虏给予高度评价和顶级膜拜。你敢说他们不牛吗？连拿破仑都在一瞬间成为他们的“FANS”。不过，对于一个失去人身自由，不知道下一步会发生什么的俘虏来说，搏一搏总比坐以待毙要好。这充分印证了我们中国的一句古话“陷入绝地而后存，置之死地而后生”，人在危机关头，胆子似乎也特别大。而了解真相以后，“火烧圆明园”这件事，告诉了我们一个真理：做人要识时务啊。明明不行，还当退不退，祖宗留下的宝贵财富，就这样毁在了这群蠢人们的手里了。

六 “一战”中的战俘：不该遗忘的一角

此时，《日内瓦条约》已经签订，已经有法律保障战俘的权利。但是总体来说，这一时期的战俘仍然摆脱不了悲剧的命运。这一时期，也出现了人类历史上最著名的战俘，法国的戴高乐将军。他在“一战”时曾六次沦为战俘，却在“二战”结束时当上了法国总统，其传奇经历至今让世人称道。

《海牙公约》与战俘们的命运

1914年夏，人类历史上一场所谓的“大战争”在欧洲打响，在中国，我们称之为“第一次世界大战”，美国人将它称为“终结所有战争的战争”。到1918年11月11日战争结束时，全世界共有6500万军人参加作战。从几个主要参战国来看，每3个年龄在13~30岁之间的法国男人中就有一个死于战火，年龄在15~49岁之间的法国男人死亡率达13.3%；英国军人死亡超过72万人，伤160万人，死亡率在15~49岁男人中达6.3%以上；德国死200万，伤420万；美国有约200万人参战，其中5万余人捐躯，20万人受伤。在4年多的战争中，平均每天的士兵死亡人数为6046人。此外，仅到1917年底，“一战”战俘就达350万人。这是一场极其惨烈的战争，它造成德意志帝国、奥匈帝国、奥斯曼帝国、俄罗斯帝国的瓦解，英、法老牌大国的衰落。

应该说，在第一次世界大战前，人类的文明又前进了一步。当时，欧洲通过了《海牙公约》，试图以此来约束交战双方善待战俘。《海牙公约》中有这样的规定：要求要报出每个战俘的职务和名字，抓获方要人道地对待战俘，同时还有一些其他的要求，例如战俘可以接受邮件，如果是注册军人应该让他们工作并获得报酬，等等。

所以“一战”时，战俘们还保持着骑士精神，没有被残酷地对待。但是，战争毕竟是残酷的，在战斗当中存在着血淋淋的刺激、欲望与仇恨，在那种特殊的情况下，并不是每个人都能记得公约，就算记得，也未必会遵守。

对于战俘来说，你首先要面临的危险就是被俘前的那一刻。如果你突然站起来举手投降，那么你投降的对象很可能会马上向你开枪，因为在那

■1914年夏，人类历史上一场所谓的“大战争”——第一次世界大战在欧洲打响。

□1914年1月1日，世界第一条民航客机定期航线在美国佛罗里达州开始运营，航线距离为35公里。

时你对于他来说还是敌人。在危急的关头，人是没有时间思考的，他只能做出“保护自己”的应激行为。他会想：“是不是诈降，万一他走过来以后进攻我怎么办?”所以说，当俘虏并不是一件容易的事，如果你和受降者之间有一段距离，他们可以看到你，但不能马上攻击你，那么你更有可能活下来。

被关押在俄国的奥地利战俘（1915 年） 6－1

“一战”时，世界已经进入到工业化的阶段，技术的进步使得交战双方可以俘获更多的俘虏。但随之而来的，各战斗国也遭遇了一系列的问题。例如，在德国，数以万计的盟军士兵被俘，但是处置他们并不是一件容易的事，很多战俘营都是临时搭起来的，缺少食物和足够的空间。所以即使关押俘虏的那一方并没有虐待俘虏的想法，仍然有数以千计的战俘很快死掉。在很多情况下，一个战俘生存的机会往往取决于他的国籍。如果两国的仇恨程度没有那么深，那么也许这个国家的战俘可以得到善待，活下去的机会就要大一些。某些国家，例如俄罗斯人和塞尔维亚，没有建立为战俘提供救济的组织。所以倘若被这些国家俘虏，那么下场将会非常凄惨。

■1916 年 3 月 2 日，戴高乐在凡尔登会战中身负重伤，被同伴遗弃在了战场，之后被俘虏。
□1916 年 3 月 10 日，冯国璋等 5 人联合发电给袁世凯，迫其退位，取消帝制。

瑞士的国际红十字会，曾经在战争期间，将成千上万的士兵从饿死的边缘拯救回来，它也经常越过战线，为交战双方的战俘提供食品支援。但尽管得到了红十字会的援助，盟军战俘仍然朝不保夕。毕竟，各个参战国投入那么多的人力、物力到战斗之中，经过一段时间的战斗后，后续补给多多少少都会出现短缺。在战场上的士兵都吃不好，哪里还管得了这些作为敌人的战俘呢？

让战俘从事劳役是“一战”中很普遍的，“一战”中德国俘虏了大约17万名英军战俘。这些战俘每天被迫从事各种体力劳动，但总体上来说，劳动量尚在可以承受的范围之内。相对而言，俄国人对战俘就差得远了，俄国著名的摩尔曼斯克铁路，就是由德国和奥地利的战俘修建的，由于工作环境恶劣，战俘们形容“每一根枕木下都埋着一名死去的战俘”。

俄国的摩尔曼斯克铁路　　6－2

也就是在这一时期，英国、法国以各种方式，从中国运走大量华工，这些华工在“一战”期间，为法国人修筑铁路、做苦力等，战争也造就了他们的苦难。很多人死去，再也没有回到自己的故乡。

■1917年，著名美女间谍玛塔·哈丽被俘虏并被法国政府以间谍罪处死。
□1917年1月4日，蔡元培任北京大学校长，实行大学改制。

到战争结束后，战俘大都被释放。战俘回去的命运如何呢？一般说来，西方是不以战俘为耻的，当你无法抵抗时，一般允许投降。而在东方国家，任何时候的投降，即使当时已经昏迷，仍然是不能被原谅的。战俘身份本身就是罪过，不管你被俘之前如何抵抗。

战俘与德军玩“猫抓老鼠”游戏

战俘有一个很大的用途，那就是可以从他们身上获取情报。这一点，从我国抗日战争中，日本人的酷刑逼供中，我们已经了解得很多了。当时“一战”的战争发起国德国，有了一个既不违反《海牙公约》，又更加有效地方法：使用间谍的技术手段从战俘身上套取情报。战俘们当然不想出卖自己的祖国，于是只能依靠智慧和求生意志，和德军玩“猫抓老鼠”的游戏。

从战俘身上套取情报，其实每个参战国都会这么做。一般说来，在被俘的那一瞬间，是战俘最为脆弱的时候，他们意识到命运已经不在自己手中，面临着一个不确定的世界，不知道是否会被处决，也不知道将要面临的是怎样一个黑暗的世界。而且，被俘的人中有很大一部分是伤员，伤势会耗尽他们全部的力气，再加上饥饿和恐惧，心情自然十分沮丧，此时审问他套取情报是最好时机。所以一个战俘，往往在被俘的瞬间，就要进入一种“反迫供”的战斗状态之中。因此很多国家在战斗之前，就会对士兵们进行这样的训练，或者采取措施防止战俘泄密。这样，既不能违反海牙公约，又要最有效地套取情报，参战国们使出了浑身解数。

德国的间谍套取情报法，可以说是当时最先进、最隐蔽的方法了。就在战争开始，德国总参谋部就已经认识到了：战俘们活着比死了更有价值。

■1917 年 8 月，中国的北洋政府也加入协约国对德奥宣战。
□1917 年 7 月 17 日，俄国爆发七月流血事件。

他们认为，战俘们的脑海中保存着大量情报，包括他们作战计划、装备、具体的兵力，等等。而且，抓获的战俘级别越高，情报就越多也越有用。“一战”时，飞机和飞行员扮演了重要的角色。德国总参谋长很快就意识到，被击落的飞行员是非常宝贵的信息资源。其实，不只是德国，交战双方都表现出一种尊重被俘飞行员的态度，并给他们特别的优待。

德国人很聪明，为了创造信任感，创造套取情报的有利氛围，德国特工把战俘们安顿在莱茵河河谷的城堡里，让他们住在舒适的家庭式的环境中，让人感觉他们更像是客人而不是战俘。尤其那些飞行员，他们被邀请去吃丰盛的食物，还得到了德国人的礼遇。

美女间谍玛塔·哈丽（Mata Hari），荷兰人。与许多法国和德国军官有染，是“一战”期间最著名的双面间谍。1917年被俘虏后，她被法国政府以间谍罪处死。 6－3

但是，战俘们不是常人，他们毕竟是受过严格训练的军人，要从他们嘴里套取情报，并不是一件容易的事。德国人很快发现，战俘们很少谈到军事问题，他们往往在谈论个人生活。于是，德国人又试着去套取一些更隐晦的情报，例如，他在哪里被训练，他是哪个部队的，他对这场战争怎么看，他对他的上级有什么看法，等等。这些内容看起来像是普通的聊天，战俘们往往在毫无防备的情况下，就已经泄露了重要的信息。

德国人另一个套取情报的

■1917年底，“一战”战俘达350万人。

□1917年11月7日，俄国爆发了由革命导师列宁领导的无产阶级十月革命。

方法就是窃听，他们把具有相同背景和级别的战俘放在一间屋子里，让战俘们以为呆的地方很私密。德国人在关押他们的地方装上窃听器，于是，战俘们谈话时，德国人就可以从中发觉一些有用的信息。

这个间谍网络系统非常有效。例如，德国人征用了位于黑森林附近的一个小酒店，将战俘们关押在那里，他们在小酒店安装了隐藏的麦克风。这个地方看似酒店，住起来很轻松，但战俘们却处于严密的监视中，并被记录下言行。因此，战后人们给它取了个名字，叫“窃听酒店”，德国人也称得上是窃听技术发展中的先行者。

战俘们没有想到，他们已经在不知不觉中被窃取到了情报，当中一部分人来自上层阶级，特别是英国的官员。直到有几个战俘发现了麦克风，他们才意识到自己被窃听。于是，也有些俘虏中采取故意给假情报等方式来反窃听。

人物小传

玛塔·哈丽

玛塔·哈丽是荷兰人玛嘉蕾莎·吉尔特鲁伊达·泽利的艺名，她是最富传奇的间谍之一，是历史上“最著名的10大超级间谍”之一。“一战”期间，玛塔·哈丽是巴黎红得发紫的脱衣舞女，但更是一位周旋在法、德两国之间的“美女双料间谍”。然而，法国反间谍部门却指控哈丽用“枕边风”向德国人窃取情报，并给法国带来巨大损失，造成5万名士兵身亡。1917年10月15日，法国政府以“叛国罪”的名义将她处死在巴黎郊外。

玛塔·哈丽传奇式的人生在西方世界有着很高的知名度，她的形象也经常出现在各种书籍、电影等文化作品之中，在西方文化中有一定的影响。

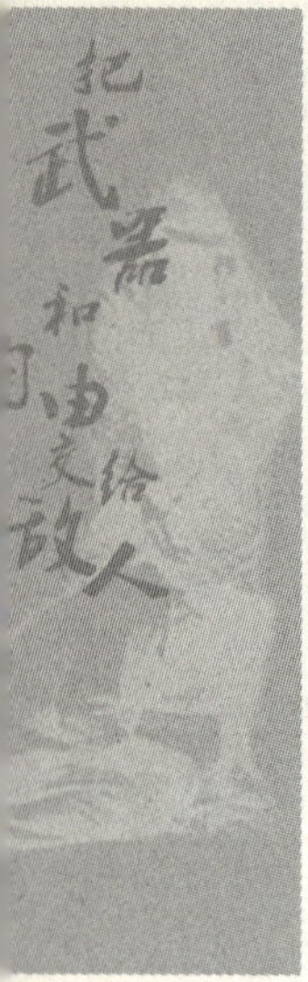

到1918年5月，战争已经快到尽头了，28岁的爱德华·伊沙科斯是初级射击军官，在美国海军运输船上服役。在执行完一个任务后，返回途中他们被德国战舰击中，伊沙科斯被俘虏了。

德国人对伊沙科斯非常客气，还邀请他共进晚餐。在晚餐中，伊沙科斯尽他最大的努力，回答了德国人的许多问题，诸如有多少美国军队分布在欧洲，以及他们从美国到这里的航行速度等问题。

德国人以为获得了重要情报，但他们不知道的是，伊沙科斯给的是假情报，他给了德国人严重夸大的数字，告诉他们美国已经派遣了200万人到法国，并且有75艘海军运输船随时待命。这显然不是德国人希望听到的，他们想听到的是叛变，以及盟军是否出现了问题等。事实上，当时法国军队已经濒临兵变，英国人也无法度过1918年到1919年的冬天。

因此，伊沙科斯的假情报，从某种程度上说，摧毁了德国人的信心。更重要的是，他取得了德国人的完全信任，甚至允许他保留手枪，并给予他出入的自由，伊沙科斯同德国人混在一起，搜集到了很多有用的信息，知道了很多德国和他们的潜水艇的秘密，他很想把这些信息告诉美国军队。

后来，伊沙科斯被火车带到了维林根的战俘营，一到那儿，他就想办法逃跑，很快就跟一个被俘的美国飞行员一起制订了逃跑计划。1918年10月6日，他们开始了闪电般的突击行动，打碎玻璃，跳下窗户，跑出跑道，然后越过铁丝网。一周后，他们安全到达了瑞士。这时，他发现战争已经结束了。但是，尽管他的情报已经不再有用，1919年，威尔逊总统还是给他授予了荣誉奖章。

德奥战俘在中国享贵族生活：漫步皇家园林

近年，两位从事近代史研究的学者，依据一些老照片，发掘整理有关

■1918年5月，28岁的美国初级射击军官爱德华·伊沙科斯被德国俘虏了。
□1918年6月3日，世界范围的流行性感冒开始袭击上海。

文献资料，编著了《中国德奥战俘营》一书。这本几乎没有什么文字描述的书，以“写真集”的形式向人们展示了近百年前，一群欧洲战俘在中国悠闲快乐的生活：他们在皇家园林漫步，不知道的人，还以为他们是在中国度假。这是怎么一回事呢？

根据照片，我们可以看见，这群欧洲白人，他们在园林悠闲地散步，用餐的时间到了，还有好吃好喝端上来。他们有的围在一起打桥牌，有的去打网球、踢足球和游泳。夜晚还有文艺演出。这感觉，是不是像在度假？

事实上，他们是来自德国和奥地利的战俘，住在中国的俘虏收容所里。众所周知，1914 年，第一次世界大战爆发，交战双方分别是以英法俄为主的协约国集团和以德国、奥匈帝国为主的同盟国集团，战争也蔓延到了东方。中国的北洋政府于 1917 年 8 月也加入协约国对德奥宣战，于是德国和奥地利的在华军人就成了战俘，被中国收押。先后共有千余名德奥战俘，被收容进北京、南京、东北的七处俘虏收容所里。他们的生活状况被拍成照片，由北洋政府负责印制成一本《中华民国八年俘虏起居写真》的影集，并向全世界公布。

为什么会对战俘这么好呢？一方面，北洋政府善待德奥战俘，是依据国际公约中有关战俘条款而进行的。但更重要的一个目的，就是借此展示和提高中国的国际形象。自鸦片战争后，中国在对抗外来民族的侵略战争中节节败退，在对外关系上一直处于弱势的地位，国际地位一落千丈。

就在“一战”期间，中国对德奥宣战前后，发生了一系列内政外交的大事，如甲午战败，中日“二十一条”，袁世凯称帝，府院之争，张勋复辟，五四运动等。为了维护国家主权，争取平等国际地位，提高国际形象，北洋政府还是作了一些努力，善待战俘就是其中的一部分。

尽管如此，当时德奥战俘在中国受到的礼遇仍然让很多人大跌眼镜。要知道，那时的中国是多么困难，普通百姓过的什么日子。由于战争不断，天灾不断（例如，1912 年浙江温州洪灾，30 余万人丧生；1915 年浙江、广东、江西洪灾，1916 年安徽洪灾；1917 年河北遭遇 170 年来的最大洪

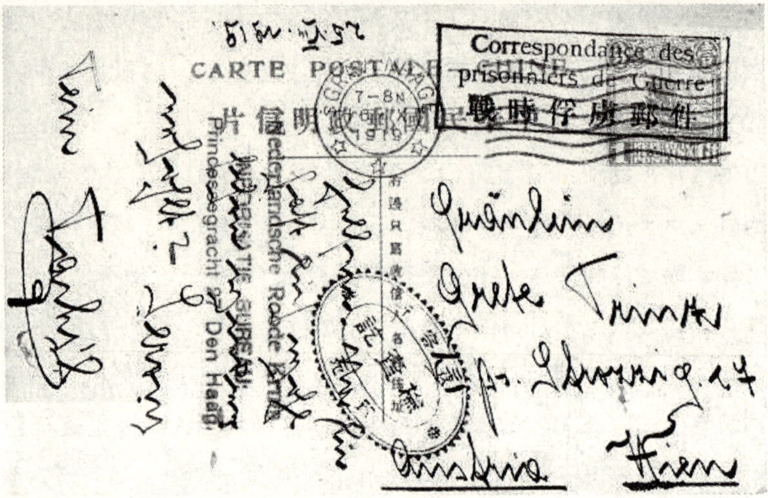

中国德奥战俘营寄出的明信片　　6－4

灾，百余县受灾，灾民达560余万人)，饿死病死的平民百姓不计其数。不夸张地说，在俘虏收容所里的德奥战俘过得简直就是世外桃源般的生活。中国人给他们的待遇，几乎是“贵族般”的，超豪华，超人道。

人物小传

袁世凯

袁世凯（1859—1916年），字慰亭（又作慰庭），号容庵，汉族，河南项城人，是中国近代史上著名的政治人物。据说，袁世凯出生那天，他的一位从军的叔祖正好来信告知家人自己战斗得胜，袁世凯的父亲大喜过望，于是给他取名为“凯”。

袁世凯少年时怀有大志，曾在读书时写下一首自勉诗：“眼前龙虎斗不了，杀气直上干云霄。我欲向天张巨口，一口吞尽胡天骄。”19世纪80年代正是洋务运动的

■1918年11月初，一个战争委员会因为戴高乐两次逃跑判处他120天的监禁。
□1918年11月28日，大总统徐世昌在“庆祝第一次世界大战胜利”大会上致词，宣称“公理战胜强权”。

> 高潮期。洋务派“求强”的思潮深深影响了他。科场失败后，他决定投奔李鸿章。他说：“大丈夫当效命疆场，安内攘外，岂能龌龊久困笔砚间”。
>
> 作为北洋军阀的领导人，在辛亥革命期间，他成为中华民国首任大总统。他就职之后，坚持一个强有力的中央政府，同时积极与列强交涉，维持了中国对蒙古和西藏的主权。并积极发展实业，统一币制，创立近代化司法和教育制度。只可惜，后来他被权利所诱，恢复帝制，很快就被推翻，也为自己招来千古骂名。

尽管有很多人指出，这不过是北洋政府的“面子工程”，但从中我们也可以看出人类的进步。今日世界，就算有再多“杀俘”、“杀降”的理由，任何国家都不敢公开“杀俘”、“杀降”。甚至只要“虐俘”消息传出，就会遭到举世谴责，这说明给战俘人道待遇的价值观念，已经成为全世界的共同准则。

值得指出的一点，与很多西方国家相比，20世纪后，中国人的仁慈在对待战俘上显露无遗。例如，“二战”时期，纳粹德国和日本残酷虐待战俘，但中国，国共双方都做到了善待日俘。后来的朝鲜战争、中印战争中，中国也都做到了善待战俘。所以，美国军中所流传一句名言“别总是幻想当中国战俘”，也就不足为奇了。

超级战俘：“大个子”戴高乐6次越狱

在第一次世界大战时候的德军战俘营，在一群仰望星空，口中念念有词，祈祷上帝保佑自己越狱成功的战俘当中，有一个身材高大的法国人，他是一名陆军上尉。他在“一战”当中最为血腥的，有着“绞肉机”之称

■1970年11月9日，戴高乐去世。
□1970年11月27日，苏联的诺贝尔文学奖获得者亚历山大·索尔仁尼琴因政治原因无法领奖。

的凡尔登会战当中身负重伤，被同伴遗弃在了战场上等死，于是他成为了德军的战俘。虽然他一次又一次地越狱，但都被抓了回来。原因很简单：他太容易被辨认了。因为他的身高足有一米九五，这位倒霉的上尉，就是后来的法国总统戴高乐将军，直到战争结束之后，戴高乐才被释放，他被欧洲人称之为“超级战俘”。

戴高乐是一个斗士，他性情倔强，无法忍受在战俘营中为德军服苦役的生活。于是，在3年又3个月的战俘营生活里，他尝试了6次越狱，但6次都被抓回。用他自己的话说，他就是“屡教不改的一根筋”。他的儿子菲利普回忆：“戴高乐本来特别讨厌干手工活，但为了逃跑，他简直变成了另外一个人。他开始仿造钥匙，把军服染成老百姓衣服的颜色，伪造通行证，拆墙砖，锯栏杆等。而他制作这些工具的材料都是用吃剩下的罐头盒。”

每一次逃跑，戴高乐都吃了不少苦头。有一天，他偷到一套德军的服装换上，悄悄地溜出了收容所。可惜还是功亏一篑，因为他的个子实在太高了，足足有一米九五，而他偷的那身德军军装却太小了，衣袖刚到胳膊肘，裤腿也短半截，穿在身上看上去非常滑稽可笑，特别惹眼。所以很快就被人发现了，没有逃多远就被抓了回来。随后，他被关进设在立陶宛的惩戒营，这里气候更为恶劣、条件极差。

5个月后，他被送到另一个战俘营，这里戒备森严，专门关押曾经试图逃跑的战俘。但就算再艰难，戴高乐脑子里唯一的念头就是逃跑，这甚至成了他继续活下去的唯一理由。

最大胆的一次是从德国巴伐利亚州的一个战俘营逃跑。这一次怎么逃跑？戴高乐想出了一个办法——自残！他偷偷地服用了大量的苦味酸，这是一种做柠檬水的原料，喝多了会出现一系列特别可怕的重度黄疸症状，如脸黄、眼黄、尿黄等。他一喝下去，顿时症状就出现了，当时，戴高乐喝完照镜子时，自己都被吓坏了。不过他终于如愿以偿，很快被送到当地战俘医院治疗。那里住的全是德国伤兵，偶尔有一些法国战俘会被单独带到那里接受特殊检查和治疗。在医院里，他找到了一个机会，与另一个名

戴高乐将军　　　　6－5

叫迪派的法军少尉一起逃跑。他们用自制的万能钥匙打开门，偷来一套德军军装，迪派化装成德军护士，搀扶着假装生病的戴高乐，戴高乐拖着装满两人生活用品的大口袋，就这样，两个人大摇大摆地走出了战俘医务所。这一次，他们跑了5天5夜，又冷又饿，像流浪汉一样狼狈，但不幸地是，这一次他们还是失败了。一脸的倦容，让他们在敌人搜捕时露了馅儿，当他们走到乌尔姆时被德军发现，又被抓回了战俘营。

因为几次试图逃跑，戴高乐被罚关在所谓的“黑屋子”里长达4个月之久。那里又黑又冷，不能通信，没有书看，没有纸笔，没有灯光，没有暖气。但即使在如此艰苦的条件下，戴高乐也经常背诗，有时还倒着背诗的字母和单词。一来可以继续学习，二来可以让自己和同伴都能保持良好

的心态，并给敌人造成一种假象，让敌人以为他们已经不再琢磨逃跑的事了。他还在监狱里搞了许多讲座，有关于历史专题的，有关于军事指挥的，甚至还有关于德国文化的，但暗地里，他却开办了一所真正的“越狱学校”，不仅自己越狱，还教同伴们越狱。整个“一战”后期，戴高乐就没有放弃过越狱的念头。他一共逃跑了6次，但都被抓了回来。

不仅如此，他还利用被囚禁的机会，积极地同周围的难友们进行交流沟通，博得了一个“大元帅”的美誉。他的狱友雷米·鲁尔曾经这样评价战俘营中的戴高乐：“这位个性倔强、看起来有些冷漠的年轻人，有种坚强的意志，他善于克制自己的精神危机和感情冲动，他一刻也不愿意闲下来。从他身上，我看到了法国人沉着、理智、自我克制的优点。如果司汤达还活着，他们肯定会成为莫逆之交。他总是抓住时机增长见识，而且非常乐意毫无保留地把知识传授给别人。他是我们这个圈子的核心。大家很敬佩他，把他称作“大元帅”。25年后，英国首相丘吉尔也称戴高乐为“大元帅”。

1918年11月初，一个战争委员会因为戴高乐2次逃跑判处他120天的监禁。恰好这时战争结束了，他也得到了释放，没去服这个刑。“二战”时，法国沦陷，戴高乐继续领导法国人民进行“光复法国”运动，并在“二战”后成为法国总统。从战俘到总统，戴高乐靠的是不屈不挠的顽强意志。

人物小传

夏尔·戴高乐

夏尔·戴高乐，生于1890年11月22日，死于1970年11月9日，法兰西第五共和国的创建者、法国军人、作家和政治家。1890年11月22日生于里尔市。1912年毕业于圣西尔陆军学校。1913年以少尉军衔服务于贝当将军麾下。第一次世界大战时，在凡尔登作战，曾3次负伤被俘，囚禁了2年8个月，3次在战报中受到表扬。

他曾在第二次世界大战期间领导自由法国运动，带领法兰西人民完成了解放国土和民族统一的大业，被誉为“法兰西守护神”，他在战后成立法兰西第五共和国并担任第一任总统。戴高乐支持发展核武器、制定泛欧洲外交政策、努力减少美国和英国的影响、促使法国退出北约、反对英国加入欧洲共同体、承认中华人民共和国，这一系列思想政策被称为“戴高乐主义”。

戴高乐也是一位作家，他一生有六大著作：《敌人内部的倾轧》（1924年）；《剑锋》（1932年），此部著作在法国未受重视，却受到敌国纳粹坦克部队将军重视研究，因此制定闪电战；《未来的军队》（1934年）；《法国和她的军队》（1938年）；《战争回忆录》（1947年），与丘吉尔的《第二次世界大战回忆录》并称为姐妹作；《希望回忆录》（1970年），戴高乐的遗著，预计写完三卷，但还未完成，戴高乐就因心脏病去世。

酷睿点评

戴高乐将军的经历不是一个简单的“强”字就能概括的，他实在应该成为所有人的偶像。有人说，他一定是福星高照，走了“狗屎运”，重伤被丢在战场不死，逃跑6次仍然不死，之后还能当上总统。这样的传奇经历，你很难再找到第二个，电影都没有他真实的人生那么精彩。不过，真的只是好命吗？显然不是。一个人的经历也许带有某些偶然性，但他的成功却有着必然性。我们虽然不能（当然也不想）有他那么曲折的经历，但像他一样修炼一下自己还是可以的。

七 “二战”中的战俘：人类历史上最惨痛的回忆

第二次世界大战是人类历史上最为惨烈的战争。在残酷的战争面前，人性中可怕的一面往往也暴露得最为彻底。“二战”中，几乎所有的国家都有虐待战俘的事件发生。其中以日本最为严重。期间也出现了许多越狱成功的故事，这些故事至今仍被人津津乐道，并被搬上荧幕。

你不知道的历史——“二战”

战俘群像

毫无疑问，迄今为止，第二次世界大战是人类历史上最为惨烈、规模最大、范围最广、卷入国家最多的一次战争。我们曾经在无数影视剧中感受过那段血腥、残酷的岁月，也对战争的总体情况有个大致的了解。但是，对于战俘这个特殊群体，我们又知道多少呢？相信绝大多数人，只对纳粹德国屠杀犹太人，日本屠杀、虐待中国人略知一二。“二战”中战俘的命运如何？相信你一定有兴趣了解。

战争和战俘从来都是密不可分的，前面我们知道了。战俘最早的命运是普遍被屠杀，之后就是被充做奴隶，充做苦力。那么，在文明程度越来越高的今天，战俘是不是会待遇好一些呢？

1929 年，《日内瓦公约》规定，交战双方要善待对方战俘，并保证战俘不受迫害、刑罚、虐待、逼供、劳役，提供、满足战俘的个人生活必需品和食物等。(间谍不在此列)

但是在残酷的战争中，人们哪里还记得这个公约。几乎每个交战国都或多或少有违反公约的现象。我们曾在很多电影里看到过屠杀战俘的画面，事实上的确如此。纵观整个“二战”，屠杀战俘的事件，决不是偶然。例如，1942 年，在菲律宾的“巴丹死亡行军”中，2 万多名美军俘虏被日军集体处决。还有我们所知道的，由于过分仇恨日本人，孙立人将军放话“日本战俘来一个杀一个”，美军也时常有枪杀虐杀战俘的事件发生。

■1929 年，《日内瓦公约》规定，交战双方要善待对方战俘。

□1929 年 10 月 29 日，美国华尔街股市崩盘，世界经济危机爆发，从此进入 10 年的大萧条时期。

人物小传

孙立人

孙立人，中华民国陆军二级上将，安徽省六安市舒城县人，抗日名将、军事家、民族英雄、蒋介石“五大主力”之一新一军军长。在美国留学，仁安羌“一战”打出了中国人的威风，赢得了国际声誉，营救英军并和美军并肩作战，打通中缅公路中声誉鹊起，蜚声国际军事界，被欧美军事家赞誉有加，称作“东方隆美尔”。是军级单位将领中，歼灭日军最多的中国将领。荣获大英帝国荣誉元帅的殊荣，被视为国军中相当另类的鹰派。孙立人将军不但军事才能极高，而且重视教育。其目光深远，是一个有着圣人胸怀的巨人，加上他个性鲜明不入俗流，因此受到同僚的忌恨。

“二战”中究竟有多少战俘？关于这一点，谁也无法给出准确的数据。总体说来，盟军对待战俘好许多，德国和日本屠杀、虐待战俘的现象最为严重，苏联也好不到哪去。

当然，德国人对待不同国家的战俘，标准是不一样的。英美法荷澳等国的战俘，会按官兵军衔高低为标准，给他们分配住房，待遇按国际红十字会要求基本满足，可以收发家信及收领包裹，还可以进行文体活动。但是，对于他们极端仇视的苏联和东欧战俘，就没有那么人道了，屠杀虐待时有发生，并且拿他们做人体试验，被迫害、刑罚、虐待、苦役死亡的东欧军人（特别是苏联人）占战俘人数的30%~40%。

日本人的脑海里压根就没有国际法及战俘一说，因为他们认为日军是不会投降的，屠杀、虐待完全就是家常便饭，甚至是集体屠杀，被虐待和屠杀的不仅仅是中国战俘，英国、美国等盟国的战俘遭遇也差不多。

苏联也好不到哪去，在对待德国和日本战俘问题上，比德日有过之而无不及。“二战”德军战俘在苏联管理下最高死亡率曾达60%。战后多年，依然有大批战俘滞留在寒冷的西伯利亚，因冻死、饿死、虐待、苦役死亡的德日战俘占战俘人数的20% ~30%。

柏林战役后的德国战俘　　7－1

日本对战俘的血腥虐待

对战俘的虐待，一直都是历史上一个无法回避的问题。在残酷的战争面前，人性中可怕的一面往往也暴露得最为彻底。“二战”中，几乎所有的国家都有虐待战俘的事件发生。但是，也许没有一个国家像日本虐待战俘那么触目惊心。

每一个中国人，都无法忘记南京大屠杀。事实上，日本的惨无人道，绝不仅仅是针对中国，在远东的盟军战俘也难逃厄运。就拿日本的奉天俘

■1941年12月7日，美国参加“二战”，5个月后，美军手里已经有3200名战俘。

□1941年12月8日，日本皇家陆军开始从深圳进攻香港，香港保卫战爆发。

虏收容所为例来做个简单介绍吧，实际上，这仅仅是日本虐待战俘中的冰山一角。

1941 年末，日本偷袭珍珠港，发动太平洋战争，之后攻占了菲律宾、新加坡、中国香港和印尼等地，获得了大量战俘，仅菲律宾就有 9 万多人。日军先是对这些战俘进行血腥屠杀，集体屠杀菲籍军人数万名，之后又强制战俘带病长途、饥饿行军，死亡达 1 万余人，制造了骇人的“巴塘死亡之旅”。1942 年末，日本又将各地盟军战俘，用货船密舱，转押到各地，用来做劳工和生化武器试验活体。

当然，日本侵略的主战场还是在中国。当时，美英等盟国也派有部分远东军队在中国作战。日本在中国建了许多战俘营，东北奉天的就是其中规模比较大的一个，主要是用来关押盟国战俘的，其中，美军战俘占大多数，也包括英国、澳大利亚、荷兰、加拿大和新西兰战俘。在这些战俘中包括美国驻菲律宾留守司令乔纳森·温赖特中将、美国卢塞纳部队司令帕克中将、英国驻新加坡司令伯希维尔将军等人。

中国境内的盟军集中营旧址　　7－2

这些战俘过的是生不如死的生活，被侮辱虐待是最轻的。比如敬礼、打耳光、搜身等。战俘们平常都被拉去做苦力，每天要干十几个小时的活，

■1942 年，在菲律宾的“巴丹死亡行军”中，2 万多名美军俘虏在菲律宾被日军集体处决。

□1942 年 1 月 1 日，26 国代表在华盛顿签订了《联合国家宣言》，并第一次使用“联合国”一词。世界反法西斯同盟正式形成。

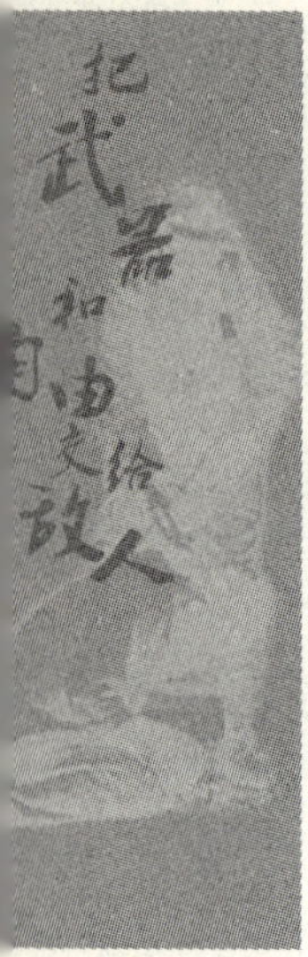

冬天，有的战俘染上痢疾，日本军官不信，要求病号光脚在零下十几度的操场上跑步，如果不出现虚脱，就照样得干活。

我们都知道在日本南京大屠杀中有许多丧失人性的行为，例如杀人比赛等。对待平民尚且如此，更何况是战俘呢？日本人经常拿战俘取乐。例如，如果有战俘冒犯了他们，就让他们双腿交叉跪在木头箱上，头上顶着装水的盘子，如果洒出水，就会被毒打。有一次，一个美俘冒犯了日本兵，当晚，日军将所有战俘赶到外面，要求他们在零下20℃的温度下脱光全身站了一夜，冻死数人，最轻者也得了重感冒和冻疮。有个日本军官，每次发火时，就用战刀指着战俘，强迫他们呼喊“美国必败”，不肯喊的就会遭到毒打甚至被杀。除此之外，日本宪兵队还有一些惯用的折磨手法，例如压肠子、敲肋骨、敲膝盖、敲颧骨、灌凉水等。

日本利用中国平民做活体实验，已经不是什么新闻。事实上，在奉天的战俘也同样遭受到这样的厄运。一个美国战俘证实：在到达奉天不久，有一车医生打扮的日本人，来到战俘营，给我们注射并编出号码，很多人死去。还有一位战俘老兵谈到：他曾见过有十个人，在注射之后死亡。

饥饿是最普遍的，日军经常用饥饿来变相杀死战俘，并将红十字会送来的药品据为己有，不给战俘使用，大量战俘死于非命。

当然，有压迫就有反抗。战俘们把仇恨变成打击日军的行动。例如，挖沟时，故意将沟侧面掏空，不时造成大面积“塌方”。在室内挖地基时，把设备的地脚弄错位，导致不能使用。他们还将新机器故意摔坏，不让日本人用来生产军火。甚至放火烧掉整座车间，使日军损失惨重。

在日本投降前夕，他们销毁了所有证据。对于这些战俘，他们曾打算屠杀或转移，但是没有得逞，这些幸存的战俘大多数回到了自己的家乡。

■1942 年 12 月 24 日，德国一个纳粹集中营中，50 名残疾战俘在即将被枪决时逃跑。

□1942 年 12 月 9 日，印度援华医生柯棣华逝世。

日本海军罪行 7-3

“礼尚往来”——苏德双方的战俘

“二战”中，最大规模的战争，就是苏德间的战争。

其间，纳粹德国虐待战俘的劣迹举世闻名，在“二战”中德国总共俘虏了400万苏联战俘。由于对苏联的极端仇视，德国一旦知道战俘里谁是军官，一律枪毙，连做战俘的权利都不给。剩下的战俘就是被虐待，每天要做十几个小时繁重的体力活，所得到的只是最少的食物，从来没换过衣

■1943年，日本正式建立起奉天战俘营，用来长期关押战俘。
□1943年2月18日，宋美龄在美国国会演讲。

服，想洗澡更是如同做梦。如果战俘病得不能干活，德军看守会直接枪毙，再送进焚尸炉。遇到敢反抗的战俘，就会绞死他，其实只是绞得奄奄一息，在战俘还活着的时候，就扔进焚尸炉。据统计，到“二战”结束，400 万苏联战俘大约有一半死在了战俘营里，其中还包括斯大林的儿子。

当然，德国在苏联的战俘，日子也不会好过。所谓“你做初一，我做十五”，德国战俘在苏联也受到了“特殊关照”。“二战”中，总共有 1000 多万德国士兵和平民被俘虏，其中被苏联俘虏 300 多万。斯大林格勒战役，苏联俘虏了 20 万德国士兵，结果只有不到 1000 人回来，死亡率 99.5%。据统计，10 多年间，共有 150 万德国战俘死在了苏联，连尸体都找不回。

有些德国俘虏并不是军人，而是平民。尤其是“二战”结束时，苏联占领了东德。他们将大量的平民押往寒冷的西伯利亚，以一周 120 公里的速度急速前进，没有任何食物供应，战俘们饿了只能在沿途喝点水。如果体力不支，随时会被枪毙，并且尸体没人埋葬，成为野兽们的食物。苏联把战俘营设在人迹罕见的西伯利亚，这样，即便战俘们侥幸越狱，也无法走出这个没有人烟的地带。1945 年，50 多万日本关东军战俘也被带到了这里。

被美国抓去的德国战俘，也遭到了暴力虐待。1941 年 12 月 7 日，美国参加“二战”，5 个月后，美军手里已经有 3200 名战俘；1 年多后，美国在法国俘获的战俘增加到 4.8 万人。这些战俘大多数被运回美国。美国总统罗斯福曾在一封信里写道：“你们在这里不是战俘，而是美国的客人。”但事实证明这句话有多虚伪，这些战俘大都在美国受到了非人道的折磨。为了获取情报，刑讯逼供、殴打和恐吓是经常的。在战争结束后，这些战俘也没能回到家和亲人团聚，而是被美国像礼物一样“赠送”给了法国，以帮助其重建国家。由于法国仇德情绪比较严重，战俘们的待遇更加悲惨。许多德国战俘遭到鞭打，甚至被枪杀，至少有 1800 名战俘在扫雷时被炸身亡。

■1943 年春天，苏联战俘亚历山大·佩切尔斯基成功地组织了一场大起义。

□1943 年 5 月 13 日，在北非的德国和意大利军队向盟军投降。

“二战”结束后的德国战俘　　7-4

历史事件特写：德国百万战俘死亡之谜

1944年6月6日，以美国为首的盟军发起诺曼底登陆，有520万的德国战俘落入美国人之手。在1945年4月，身为总统的艾森豪威尔提出如下建议，“德国的战俘可分成两种类型：第一种，投降的战俘。第二种，缴了械的敌对武装力量。第一类人可按日内瓦战俘公约处理。第二类人，则仍旧按敌对武装力量处理。”艾森豪威尔的建议很快得到了落实。到了1945

■1944年6月6日，以美国为首的盟军发起诺曼底登陆，有520万的德国战俘落入美国人之手。
□1944年6月，美国副总统华莱士率团访华。

年8月，几乎所有的德国战俘都变成了“缴了械的敌对武装力量”。于是，这些在1945年5月还被国际红十字会的材料认为是除受伤者外，健康状况良好的绝大多数德国战俘，很快就变成了垂死的饿殍。

一位美国兵回忆：5万多名德国俘虏被带刺的铁丝网圈在无遮无掩的野地上，他们被迫在潮湿多雨而且寒冷的天气里，在泥地上睡觉。吃得饱饱的美国士兵眼睁睁地看着德国人吃着用野草做成的汤，同时在没有厕所的情况下，像牲畜一样在自己的粪便中睡觉，然后开始慢慢地悲惨死去。一些美国军官，甚至拿这些战俘做“打靶训练”。另一位德国战俘后来痛心地回忆道：“在我所在的战俘营里有一万人，每天有30至40具尸体被抬出营地。”

大量的战俘就这样最终消失了，他们的相关档案材料也被销毁。尽管人们对“百万”这个数字存有怀疑，但大量德国战俘曾被美国饥饿和虐待至死已是不争的事实。

著名的枪杀战俘事件——玛勒梅蒂屠杀

相信不少人都看过一部叫做《圣战士》的“二战”电影，电影里残酷的玛勒梅蒂屠杀战俘事件，给许多观众都留下了深刻的印象。那么，真实的历史是怎样的？这种屠杀是否真实存在？让我们一起来了解一下。

1944年12月17日，德国制造了美军所称的“恐怖的玛勒梅蒂大屠杀”。

领导这支军队的长官叫派佩尔，他非常善战，并且以经常俘虏高级将领而闻名。1944年12月，他带领军队从法国阿登地区出发，一直叫嚣着要在圣诞节之前拿下安特卫普。17日凌晨，当他们来到洪斯费尔德小镇

■1944年12月17日，德国制造了被美军所称为的“恐怖的玛勒梅蒂大屠杀”。
□1944年12月16日，德军在比利时阿登森林发动大规模反攻，遭惨败。

时，发觉美军 394 步兵师也在这里休整。于是，派佩尔打算趁夜色掩护，来个突然袭击，让美军措手不及。

就在这时，另一支美军部队也在向洪斯费尔德镇前进，黑暗中他们居然不知道正和派佩尔军队擦肩而过。派佩尔更是觉得这是个大好良机，敌明我暗，可以将这里的美军一网打尽。他悄悄地进行着自己的部署，等美军惊觉时，派佩尔已经完全占领了该镇各个战略要地，美军被这突如其来的偷袭打蒙了，很快就一败涂地，德军俘虏了 300 余名美军。之后，派佩尔一鼓作气，把附近的布林根也拿下了，俘虏了 200 余名守军。

派佩尔 7－5

在审讯俘虏的过程中，派佩尔获取了一条非常重要的情报：附近的里诺维尔小镇是当时美军第 49 防空旅的总部，旅长廷伯莱克也在那。派佩尔本来就以俘虏过无数苏联军官而闻名，听到这个消息后他热血沸腾：要是能在西线战场俘获一个美军将军，自己的战斗生涯就更完美了。

■1945 年 2 月 8 日，杰维亚特耶夫与其他 9 名战俘成功越狱。
□1945 年 2 月 4 日～2 月 11 日，雅尔塔会议召开。

人物小传

派佩尔

派佩尔于1915年1月30日出生于德国柏林市的一个中产阶级家庭，他经历过法国、苏联、意大利、诺曼底、阿登等许多主要欧洲战场。1944年12月，派佩尔在突出部之役中指挥派佩尔战斗团作为第六装甲军先头部队之一参加战斗，不过最后因为缺乏燃料，派佩尔被迫放弃了所有装甲车，率领残部徒步走回了自己的战线。阿登战役后派佩尔获颁橡叶双剑骑士十字勋章，成为纳粹德国最年轻的上校，当时他只有29岁。

1944年12月17日，派佩尔战斗团的属下在比利时的玛勒梅蒂枪杀了大约80名美军步兵战俘。1946年7月，派佩尔连同其他42名被告，被美军军事法庭判处绞刑，最后得以改判终身监禁。

1956年底派佩尔获得假释，他在西德斯图加特从事汽车业的工作。由于战犯的名声和前党卫军的身份，派佩尔历经了两次不愉快的工作转换。1972年起，他在法国上索恩省一个人口300余人的小镇退休定居，从事书籍翻译的工作。1976年7月13日，约亨·派佩尔在法国乡镇遭到法国左翼团体的恶意袭击并身亡，行凶者至今仍身份不明，但一般认为可能是前法国抵抗运动成员或共产党员。当时他正开始写玛勒梅蒂惨案的书。

为了保证最快的行军速度，派佩尔兵分两路急速开进。当其中一路正要途径玛勒梅蒂附近时，战俘们发生了骚乱并企图逃跑。派佩尔命令用机枪将这些战俘就地射杀。大约150名美军俘虏被赶到一块草地上，被机关枪和手枪扫射，被发现仍然还活着的人被德军用手枪对着脑袋击毙，少部分逃到了附近的树林里。

但是，美国人不相信德国人的说法，美国人认为这是一次蓄意谋杀，并不是像德国人所说的，是因为骚动而导致的悲剧。不过，不管真实的情况是怎样，玛勒梅蒂屠杀战俘事件在战后成为了“派佩尔战斗群”的罪状之一。派佩尔及其他成员在战后都受到了军事法庭的审判，有43人被判处死刑，22人被判处无期徒刑，8人被判处10～12年有期徒刑。派佩尔本人在一审判决中被判定为死刑，但是随后又因为存在伪造证词而改判为有期徒刑直至释放。

真实版“越狱”：胜利逃亡的“二战”战俘们

美剧《越狱》前不久在全球热播，事实上，在“二战”期间，战俘们也随时在实践着真实版的“越狱”，尤其是德国集中营的战俘们。尽管戒备森严，成功逃跑的几率极低，但是逃亡是战俘们活下去的唯一机会。所以即使再艰辛，即使再次被俘后下场会很惨，苏军战俘仍然一次次掀起逃亡的风潮。

前苏联飞行员米哈依尔·杰维亚特耶夫和他的9个同伴的逃亡故事，就是最经典的胜利越狱事件之一。杰维亚特耶夫被关押在位于波罗的海的一个孤岛上，该岛不但是德军的战俘营，同时也是德国的一个秘密军事基地，德国的轰炸机不时在这里停歇和补充燃料。

1945年2月8日，杰维亚特耶夫与其他9名战俘，趁德军不备，劫持了一架在这里进行补给的轰炸机。德国人完全没有想到，以为是自己人准备飞往前线。等到发现时已经晚了，杰维亚特耶夫就这样轻而易举地成功冲破了德军的防线，回到了前苏联。

当然，杰维亚特耶夫的成功逃脱，得益于他是一名飞行员。其他的战

俘就没有这样的本事了，德国死亡集中营的战俘，通常是以起义的方式逃出魔掌。1943 年春天，前苏联战俘佩切尔斯基成功地组织了一场大起义。他先是击倒了守卫的德军，并从他身上取得了武器和钥匙。他换上了德军的皮大衣，将战俘们放出监狱。700 多名战俘，约有一半逃脱了德军的追捕，成功逃亡。

1941 年 8 月，被关押在波兰境内的苏哈射罢集中营的上千名战俘，根据同伴发出的信号，同时冲破了集中营围墙的电网，逃了出去。但大部分战俘刚刚逃出后，就被德军枪弹射杀。少部分根据原来制定的逃亡路线，成功逃离苦海。

这次大逃亡使其他战俘们深受鼓舞。其他战俘营也发生了多起越狱事件。1945 年 2 月，700 名位于马耶特哈金集中营的战俘趁夜幕降临时，用被子阻断了电网，纷纷向外逃跑，但最终只有 19 人活着离开。

在生死关头，人往往能发挥出平常意想不到的潜力。1942 年 12 月 24 日，德国一纳粹集中营，刽子手们正准备对 50 名残疾战俘进行枪决。危急时刻，这 50 名战俘突然一同鼓起勇气，扑向执行枪决的德军士兵。德国士兵完全没有想到，残疾人也有这样的勇气，呆在了当场。等反应过来时，枪械已经被缴了，这 50 名残疾战俘有 22 人成功逃出集中营。

前苏联上尉库兹涅佐夫的逃亡故事，比很多电影情节更精彩。他与伙伴们偷到了看管人员所穿的军服，然后大摇大摆地从守卫眼皮底下走出大门。在逃亡路上，他们又换上了德国军服，从而摆脱了德军的追踪，胜利逃亡。

人物小传

库兹涅佐夫

库兹涅佐夫，第二次世界大战时期的苏联海军人民委员兼海军总司令。1902 年 7 月 11 日，库兹涅佐夫出生于一个农民家庭。他幼年丧父，在教会学校读过 3 年书。1919 年秋天，参加红海军北德维纳河区舰队。次年春天，进入海军学校学习。

1937 年 8 月，调任太平洋舰队第一副司令。1938 年 1 月，升任太平洋舰队司令，被授予海军中将军衔。1939 年 4 月，出任海军人民委员兼海军总司令。为制止法西斯发动战争，英国、法国和前苏联开始谈判。库兹涅佐夫作为前苏联海军代表也参加了谈判。由于英法两国对谈判缺乏应有的诚意，谈判未能成功。为了自身的安全，前苏联和德国签订德苏互不侵犯条约。

1943 年，前苏军在斯大林格勒取得转折性的胜利，库兹涅佐夫下令黑海舰队打击敌军的交通线，保障苏军海上运输。他在海军中所采取的一些措施提高了前苏联海军的战斗力，为粉碎敌人进攻作出了贡献。

1945 年 9 月 4 日，苏联国防委员会解散，最高统帅部停止活动。库兹涅佐夫被授予前苏联英雄称号和列宁勋章与金星奖章。1974 年 12 月 6 日，库兹涅佐夫在莫斯科去世，终年 72 岁。

这些逃跑失败后被抓回去的战俘结局呢？通常在我们的印象里，肯定会被全部处死，如果不死就是奇迹了。事实上并非如此，通常英国和美国战俘逃亡不成，并不会被杀，只会遭到体罚，只有前苏联战俘会被杀死。按说以这种待遇，应该是英美战俘逃跑得多，苏联人不敢逃跑才对。不过据统计，“二战”期间，共有约 4000 名战俘在德国境内的集中营成功越狱，其中大部分是前苏联战俘。

说起“越狱”，不得不提到一个传奇人物，他就是被称为英国“鼹鼠”的“二战”老兵——约翰·范西。“二战”期间，他被德国纳粹 4 处战俘营关押了 5 年，3 次试图逃跑，挖掘过至少 8 条地道，帮助数十名同伴成功越狱。最传奇的是，他利用了一切可以利用的工具，包括餐刀，前后挖了 8 条地道，帮助狱友逃跑。这段经历，曾被搬上银幕，被拍成电影《胜利大逃亡》。

据说，范西在被俘的那天恰巧知道妻子快要生产了，自己要当爸爸的消息支撑他生存下去，也使得他在被关押的岁月里不断尝试逃跑，他被德军评价为最坚定的逃跑者。1945 年，当他获救时，他体重仅剩约 36 公斤，满身虱子。营救者说他像一具行走的骷髅，但仍然在挖地道。

不愿回去：令人啼笑皆非的意大利战俘

这个世界上还有抢着当战俘，被营救了还不愿意回去的吗？听起来有些像天方夜谭，但这却是事实。“二战”时的意大利战俘就是这样一群异类。据说，欧洲民间戏谑意大利是“废柴”，原因就是，这个国家自罗马帝国之后，在各种战役中几乎是战无不败。虽然他们喜欢满世界点火，但都是气势汹汹而来，损兵折将而回。而且，意大利军人似乎对投降“情有独钟”，经常战斗还未开始，就已经挂起了白旗。有位评论员曾经在报纸上这样评论意大利，“意大利自从统一后，整个国家都比较散漫，他们把热情都用在了歌剧和足球上，战争可能是意大利人最不擅长的一种运动”。

意大利军队在近代闹过的最大的笑话，莫过于 1890 年入侵埃塞俄比亚的战争。当时，用飞机大炮武装的意大利军队，被手拿长矛木棍的非洲土著打得落花流水。在阿杜瓦，意大利人靠着一幅破地图的指引，落入了埃军的包围之中。最终 1.7 万名意军官兵只有 7000 人逃脱，其余大部分成了俘虏。意大利也因此成了有史以来第一个被非洲打败的欧洲国家。英国《伦敦时报》曾讽刺说：意大利人遭到了白人在非洲前所未有的失败，他们是第一个同非洲人签订不平等条约的欧洲国家。只不过，战败国是他们自己。

“二战”时英军中曾流传这样一句名言：我们这边的意大利人。这是他们用来嘲笑美军的。原因就是："二战"时，德国和意大利是一伙的，但在北非战场上，意大利军队常常是成事不足，败事有余，专拖德国人的后腿。而美军刚到北非作战时，也打了不少败仗，所以英军就戏称美军是"我们这边的意大利人"。

意大利军队在"二战"中几乎屡战屡败，他们有一个宗旨，能打就打，不能打就投降。1940 年，墨索里尼向法国宣战。30 多万意军向意法边境进攻，而防守在这一带的法军只有 5 万人，但意军就是攻不破法国人的大门。

在苏德战场，意大利军队跑得更快。苏德战争爆发后，德国要求意大利派兵支援德国。但结果，在斯大林格勒战役中，苏军仅用一个师的兵力就把意大利第 8 兵团约 22 万人的防线撕开了一个大口子，不到一天时间，苏军就向前推进了 27 公里，意大利人疯狂地逃命，致使德军被苏军包围。当时，正在柏林访问的意大利外长向德国人询问意军在斯大林格勒战役中的损失，一个德国军官生气地骂道："他娘的，你们的人根本没有任何损失，全都跑了，跑得比兔子还快!"

据说，盟军攻占意大利本土时，在萨拉落登陆战中，没有遇到抵抗。随军记者报道，盟军遭遇的最强的抵抗来自于当地动物园因为轰炸流落出来的一只美洲豹，咬伤了两名美军。

有位意大利海军将军跑去跟德国人说，为了祖国的荣耀和自己伟大的血统，他准备带领军队向盟军发动突袭，为了隐秘起见，要秘密出发，而且在这过程中不能和德国有任何通讯，他已做好最坏的打算，准备全军覆没，说得老泪纵横。德国人傻乎乎地真信了，结果，这个意大利将军带领着自己的所有部下以风驰电掣般的速度冲往盟军海军基地——他们是去投降的。

以这样的战斗力，沦为战俘自然是很平常的事情。"二战"有很多关于意大利战俘的趣闻，一是美军曾轰炸撒丁岛前面的两个小岛，岛上驻扎了 1 万多意大利军队，盟军对小岛进行了轰炸，刚刚炸死了 40 多名意大利人，意大利就马上投降。

另一个趣闻是，北非战争前期，英军攻打一个意大利要塞，刚刚打了几发子弹后，意大利就打了白旗。意军指挥官一本正经地说：“我们已经打完了最后一发子弹。”事实上，说这句话时，他的身边堆满了意大利制造的军火。另一次类似的事件是，北非战役中，英国和意大利两军交火，意大利人开炮还击，刚射击了两三分钟，就突然停止抵抗，举了白旗，英国人问及原因，意大利人理直气壮地说道：“因为我们的弹药箱没有撬棍打开，所以我们被迫投降。”

在南斯拉夫，一名被游击队俘虏的德军军官十分惊讶地问：“你们怎么会有反坦克炮?”当游击队员告诉他是从意大利人手里缴获的以后，这位德国军官感慨不已：“唉！这些可爱的意大利人。”

在北非的另一次战役中，一支意大利军队，遇到一个连的英军设下的路障后，就马上宣布投降。英军长官通过电台询问坦克手抓了多少个俘虏，得到的回答是 1 英亩军官，9 英亩士兵。由于战俘太多，英军来不及建造战俘营了，只好让军需官发给意大利战俘原材料，让他们自己搭个战俘营把自己关起来。

更可笑的是，一个德军军官发现两名英国士兵押着差不多一个连的意大利战俘。这位军官立即解救他们，向英军射击。结果意大利人终于跑起来了，只不过是朝英军阵地跑去。

当时还有一个笑话是这样的，有位盟军军官，看到一个意大利战俘比较面熟，就问他：“哎，伙计，我好像是第五次看到你了吧。”这位意大利士兵十分生气地说：“不对，是第六次，前几次是被德国人解救了回去，这次说什么我也不回去了！”

不过，有意思的是，意大利战俘也有过逃亡经历，不过他们的“逃亡”可以说让人啼笑皆非。关于意大利战俘的逃跑，有这样一个故事。在英国 197 号战俘营关押着意大利战俘，由于是意大利人，英国人管理十分宽松，可是突然有一天，战俘营里跑了 197 人，后来发现他们竟然是挖了几十米长的地道跑的。

这让英国人极其郁闷：没想到意大利人也有勇气逃跑！战俘营上上下下觉得很没面子，于是发动一切力量，包括剩下的意大利战俘一起去找。可找了接近半个月，连个影子都没有找到。这个倒霉的战俘营指挥官只好硬着头皮，向上级报告了战俘逃跑的事，准备等着撤职，甚至准备去军事法庭了。但是令他意想不到的是，没过几天，这群战俘找到了！原来他们跑到其他战俘营去了。当时，英国农村男性大量入伍，剩下妇女老人难以胜任体力活。这群“可爱的”意大利战俘还经常去帮普通的英国人干活，作为答谢，英国人会给他们一些食物。

在发现这197名战俘换了战俘营后，英国人决定把他们送回原来的战俘营。可这群意大利人死活不肯回去，最重要的原因是这个战俘营待遇好，给附近的老百姓干活还能吃到好东西，每周还能吃到意大利面。结果，原来战俘营的战俘听到这个消息后，也要求到对方的战俘营去。这叫英国人哭笑不得，只好命令197号战俘营也每周供应一次意大利面。于是，这群战俘们排着队，唱着欢快的意大利民歌，高兴地回到战俘营去等待意大利面了。

对于意大利军人和意大利战俘，人们褒贬不一。有人说，作为一个军人，不败而降，甘做俘虏是最大的耻辱，意大利人毫无骨气，也无怪乎被欧洲人戏谑为“废柴”。但是也有人认为，意大利人热爱生活，珍惜生命，他们对战争有着自己不同的理解，不愿为统治者卖命。他们虽然表现得很差劲，但是实质上却没有助长法西斯的侵略。因此，比起那些双手沾满鲜血的德国人和日本人，他们实在“可爱”得多。

酷睿点评

意大利人的确很有“个性”，就连战俘都如此与众不同。没有人会想到，曾经辉煌一时的罗马帝国，竟然会变成今天的战无不败。意大利人在战场上的表现，很符合“二战”时的一个笑话：希特勒宣称“如果意大利是我们的敌人，我们需要花一个师消灭它；如果意大利是中立，我们需要花两个师防备它；如果意大利是我们的盟国，我们需要花四个师保护它”。

对照一下意大利战俘，你就会觉得，今天的意大利总理在国际政坛上屡出“奇言”并不稀奇。因为意大利人的思维原本就是这么独特，他们从来不按常理出牌。他们离经叛道的行事方式，虽然一次又一次沦为全世界的笑柄，但他们的可爱之处也正在于此。也许你会嘲笑那些意大利战俘，他们输得很窝囊很不男人，但是他们面对战争仍然保持一颗乐观善良的心，仍然懂得享受生命，这也为他们赢得了一些支持者和“FANS”。

八 朝鲜战争与战俘们的不同命运

朝鲜战争可以说是我们最耳熟能详的一次大型战争了，尽管它已经过去了半个多世纪，但人们了解它的热情依旧高涨。历史总是迷雾重重，关于朝鲜战争，坊间有很多八卦。比如中国屠杀美国战俘，比如志愿军宁可去台湾也不愿回国，真相到底如何，你会从这里找到答案。在此期间，中国还举办了人类历史上第一次也是唯一的一次战俘运动会。

中国屠杀美国战俘真相

1951 年 11 月 14 日，正当开城停战谈判陷入僵局时，侵朝美军第八集团军军法处处长詹姆斯·汉莱上校在釜山召集新闻记者，发布了一个耸人听闻的声明，称据可靠情报，共军在朝鲜杀死了 5500 名美国战俘和 290 名其他盟国的战俘。

这消息一传出，立即在世界上引起轰动，西方媒体一拥而上。第二天下午，美国军事电台就开始连篇累牍地播送所谓“暴力事件真相”。美国总统杜鲁门也就此事件发表谈话：“汉莱所报道的共产党屠杀美国战俘的事件，是本世纪所发生的最野蛮的事件。”

紧接着，西方世界的大批报刊电台一拥而上，推波助澜，顿时把东方共产党人虐杀美国战俘的“野蛮暴力事件”渲染得有声有色。美联社有一条新闻还提供了一组数字对比：在朝鲜战场上，手执武器的美军官兵与共军作战中，阵亡人数为 6194 名；而放下武器的美国战俘，被共军杀害的竟然多达 6270 名！他们说，中共军队对付美国战俘最残忍的一招，莫过于重演日本军国主义者的故伎——强迫战俘进行“死亡行军”。

关于死亡行军，前面已经讲过了。这缘于日本下令美菲所有被俘人员做长距离徒步行军，当时正值炎夏，病疫流行，粮食又缺乏，日军对战俘更是恣意虐杀，等到达目的地时，死伤人数竟达 25000 余人。几个月后，有 3 名美国士兵从日军战俘营中侥幸逃出，向全世界公布了这次“死亡行军”的秘密。于是，麦克阿瑟将军立即将“日军死亡行军”的消息向新闻界公布，弄得家喻户晓。起初美国军方担心公开这一败绩，会影响美军的士气，但结果证明这种担心是多余的，“死亡行军”的公布，反而激起美国人乃至全世界的同仇敌忾。美国军方显然想复制以往的成功，于是大肆

■1949 年，日内瓦会议上制定了《关于战俘待遇的日内瓦公约》。

□1949 年 9 月 23 日，苏联试爆第一颗原子弹成功，成为世界上第二个拥有核武器的国家。

渲染朝鲜半岛“死亡行军”的故事。

那么，中国到底有没有让美国战俘进行死亡行军呢？事情的真相究竟如何？事实上，美方所说的“死亡行军”，指的是中国志愿军在第一、第二次战役中转运美军战俘的事。

1950 年 10 月 25 日至 12 月 24 日，志愿军相继发动了 2 次战役，歼灭“联合国军”及南朝鲜军 5.18 万人，彻底粉碎了麦克阿瑟“圣诞节结束战争”的梦想。这 2 次战役中一共俘虏敌人 14211 名，其中有美军 3781 名，英法军 147 名。任何战争，都应努力避免将敌方的被俘人员置于战线附近，这是起码的军事常识，因为很容易导致战俘造反。所以这批西方战俘，只能尽快地转移到朝鲜北部的后方战俘营，这中间必然会产生战俘长途转运的问题。

人物小传

麦克阿瑟

麦克阿瑟于 1880 年 1 月 26 日出生在美国阿肯色州小石城的军人家庭。其父是美国将军，麦克阿瑟晚年曾说：“我最早的记忆就是军号声！”1899 年，麦克阿瑟考入美国军事学院（西点军校）。1905 年，麦克阿瑟追随其父从事情报工作。1906 年，成为美国陆军工兵学校学员，1908 年，调任工兵营连长，因训练有方成为骑兵学校教官。1917 年，美国参加第一次世界大战后，麦克阿瑟出任第 42 步兵师参谋长，晋升为上校，赴法国参战。1918 年，因作战勇敢和指挥有方，在大战结束之后担任彩虹师代师长。

1919 年 6 月，39 岁的麦克阿瑟被任命为西点军校校长，成为该校自创校以来最年轻的校长。他因在“二战”中表现出色，于 1944 年 12 月，被晋升为陆军五星上将。

1950 年 6 月，朝鲜战争爆发之后，麦克阿瑟出任远东美军总司令和“联合国军”总司令，指挥侵朝战争。1951 年 4 月，麦克阿瑟因战争失利而被解除一切职务。

麦克阿瑟返回美国后曾在国会发表演讲，继续主张扩大侵略战争，对中国实行经济封锁，怂恿蒋介石反攻大陆等政策。1952 年，麦克阿瑟企图获得共和党总统候选人提名，但未能成功。此后任兰德打字机公司董事长，著有回忆录《往事的回忆》。1964 年 4 月 3 日，麦克阿瑟因病死去。

说起“死亡行军”，其实这得“归功”于美军自己。当时，美军虽然在地面战场遭受惨败，却拥有巨大的海空军优势，多达 1600 架的战斗机，封锁着志愿军的交通运输线，每天要投下数以万吨的炸弹，任何军事目标与非军事目标都不放过。这种焦土政策，才是造成西方战俘无法安全及时地转运后方的根本原因。

有位志愿军朝语翻译，讲述了他参加初期转运美俘的艰难经历。第二次战役结束，他所在的团抓了 114 名美国俘虏，必须及时转运到位于鸭绿江边的碧潼战俘营。部队特地组织了一支精干的小分队，指派一名团政治处的司务长任队长，一名懂英语的文化教员任英语翻译，一名卫生员照顾伤病战俘，让李炳云担任朝语翻译，另外还配了 6 名警卫战士，负责转运途中的安全工作。队伍出发前，大家还开了个会，特别强调了宽待俘虏的政策。

这 114 名美国战俘，是打扫战场时零星集中起来的，都是东躲西藏忍饥耐寒苟活下来的幸存者，多半带有不同程度的病伤，情绪特别颓丧，有的处于精神崩溃的边缘。为躲避轰炸，转运队从傍晚 5 点钟出发，13 个小时的走走停停，一天下来只走了 24 公里，可付出的代价却是惊人的：1 名警卫战士为了寻找两名掉队的美俘坠崖身亡；3 名重伤战俘因受颠簸伤势恶化死去；还有 6 名战俘失踪，属于蓄意逃跑。

大家又改为白天行进，速度有所提高，可一次空袭，当场就炸死了 7 名战俘，重伤 4 名，负责押送战俘的人当中，卫生员也中弹身亡，还有几

■1951 年 5 月 27 日上午，杨玉华被俘。

□1951 年 5 月 23 日，中央人民政府和西藏地方政府在北京签订《中央人民政府和西藏地方政府关于和平解放西藏办法的协议》，通称《十七条协议》。

名战士负轻伤。但最难的还是缺粮。所带的上百斤炒面，被当作上等口粮，只够调成糊糊给病伤战俘做“营养餐”，且所剩无几。大家只好一边行走，一边到处找粮食。但村民们可以把活命的粮食匀给志愿军，却坚持不肯分给美国俘虏兵。

在这种艰辛的条件下，许多战俘越来越感到绝望。有天晚上，夜间空袭的飞机刚刚飞走，突然，一个平时沉默寡言的美军战俘，突然扑向左臂负伤的警卫战士，夺下枪。奇怪的是，他不朝志愿军开枪，却对着俘虏群扫射起来。他一边扫射，一边狂喊：“我以上帝的名义，拯救你们，解脱你们。”结果打死了美俘 5 人，伤 17 人，还打死了一名警卫战士，打伤司务长。司务长迅速安排了几个人为伤俘包扎，一边命令全体战俘就地坐下，一边向上级请求支援。

监狱里的北朝鲜战俘　　8－1

第二天上午，全体战俘集中到村后的密林中，一边防空，一边开大会。平常不太爱讲话的司务长对美国战俘说：“这一路来，大家都很苦，我懂……”他的眼圈忽然红了，“两年多以前，我是国民党军队的一个上士班长，也当了共产党的俘虏。开头我怕得要命，可是很快就相信了事实——共产党军队是尊重俘虏、宽待俘虏的，把俘虏看成人，看成解放了的兄弟。”

■1951 年 7 月，美国诋毁中国大陆，提出了一个“自愿遣返”战俘的建议。
□1951 年 7 月 10 日，汉城举行朝鲜停战谈判首次会议。

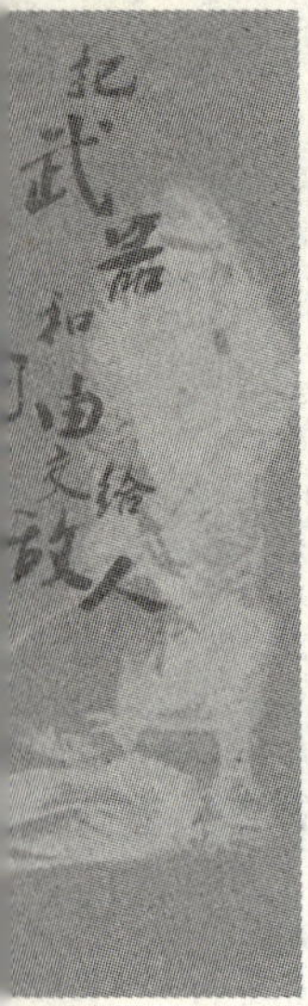

随军的翻译英语水平不高，越翻越吃力，简直要哭出来。就在这时，战俘群里有一个上尉战俘站了起来，严肃地向司务长敬了一个军礼："我懂汉语，请允许我替你们翻译。"在这个美国人的翻译下，顿时一片静寂，战俘们听得很专注。有几名战俘大声提了几个问题："听说把我们送到后方，是要慢慢杀死我们，或者是去当劳工，是这样吗?"

"哪有的事啊！"司务长解释道，"跟我一起当俘虏的，有成千上万的人，开头谣言也很多，后来不少人领到路费回家了，我自愿留下，还当上了干部。我把你们也看成'解放兄弟'，请你们一定要相信志愿军的俘虏政策。眼前的困难，都是美军的空中封锁造成的。只要大家好好合作，我相信一定可以克服这些困难。"

这位美国翻译又告诉俘虏们，说他大战时期在中国呆过很长的时间，相信中国人的道德标准，希望大家鼓起勇气，遵守纪律，千万不要再做蠢事。会后，战俘们一致推选这位战俘翻译当战俘联络代表，配合小分队一起工作。

天无绝人之路。第二天晚上，后方领导接到报告，派一辆卡车开到了山村，带来两袋大米、一包咸鱼和许多食品罐头。后半夜，卡车接走了二十多名病伤严重的战俘，直奔战俘收容站。一周后，其余的战俘也比较顺利地到了目的地。

这次的战俘转运，还算是顺利的。有一支战俘转运队，遇上 B-29 重型轰炸机，同时投下十几吨的炸弹，构成"地毯式"爆炸效果，导致战俘队伍和押运人员霎时化为乌有。所以如果"死亡行军"的话，那是指挥战争的美军将领为西方战俘们制造了死亡。

幸好，西方仍然有一些正直的新闻工作者和敢于说真话的人，他们向全世界揭开了"朝鲜半岛死亡行军"的谜底。在新闻界的穷追猛问之下，美国军方窘态百出，只好抛出"毫无所知"，"派人对此事进行调查"之类的答案。从此，再也无人理睬"朝鲜半岛的死亡行军"之说了。

■1951 年 11 月 14 日，侵朝美军第八集团军军法处处长詹姆斯·汉莱上校在釜山召集新闻记者，诬陷共军在朝鲜杀死了 5500 名美国战俘和 290 名其他盟国的战俘。

□1951 年 12 月 8 日，中共中央发出《关于反贪污斗争必须大张旗鼓地去进行的指示》，"三反"运动在全国展开。

朝鲜战争中志愿军唯一的女战俘

就是这场战争中，志愿军只有一名女战俘。完全不像有些文章和书中所说的那样，大肆渲染和炒作，说集中营里有很多志愿军的女战俘，多么英勇，受了多少屈辱。当然，在朝鲜战争中究竟有多少志愿军女兵失踪和牺牲，至今无法统计，可能有些女兵被俘时就被杀害。但真正有记载的，被送进美军战俘营的，的确只有一名女俘。

这个唯一的女战俘叫杨玉华，当时只有16岁，四川人，是一名护士。她所在的卫生队共有29名女护士，她们绝大部分在敌人包围圈尚未封口时，由后勤部医政股股长史锦昌带领，随180师司政后机关组成的第二梯队撤过北汉江，冲出包围圈，其中个别人在途中被敌机轰炸而牺牲。

女护士中只有小杨没随第二梯队出去，因为小杨在几天前抢救伤员时把自己的炒面全给了伤员和担架员，而自己则挖野菜充饥，结果中毒，上吐下泻，无法行动。1951年5月26日，半昏迷状态的小杨也被强制抬上担架，随几十个伤员的担架队后撤，路遇敌人炮击，十几个伤员和担架员牺牲，担架队躲进一个废弃的铁路隧洞，但敌机向隧洞里发射了多枚火箭弹，担架队员和隧洞口附近的伤员全部牺牲，只剩下担架比较靠里面一点的5名不能动的伤病员，小杨也在其中。

5月27日上午，这5名不能动的伤病员被美军搜索队发现，全部送往美军的野战医院。小杨当时穿的男装，头发很短，满身泥水和污垢，美军没发现她是女性。到达敌医院后，小杨得到治疗，很快病愈，并主动参加对其他志愿军伤病员的护理工作，直到七月中旬美军才发现她是女人，立即将她送往釜山女战俘收容所。

■1952年4月8日，联合国军正式下达了执行“甄别”的命令。

□1952年4月28日，美国结束对日本的占领。

朝鲜战场上的志愿军女兵们　　　　　8－2

据当时在战俘营任翻译的张泽石证明，整个战俘营只有小杨一个女志愿军战俘。后来还是由张泽石陪她去的朝鲜女战俘营。由于朝鲜女战俘营里的战俘干部有很多都是原四野部队朝鲜师的，整个女战俘营又只有小杨一个志愿军，所以全体朝鲜女俘都对小杨很关照。对小杨在战俘营的情况，各种回忆录均有不同记载，比如一次朝鲜女俘集体绝食，一名美军女少尉专门端着饭菜给小杨，以为她是中国人不会参加绝食。但小杨一把把饭菜打翻，她虽受到美军的毒打，但却受到全体朝鲜女俘的尊重和敬仰。

1953 年 8 月 8 日下午，被关押了 2 年多的小杨随 473 名朝鲜女俘一起被美军从釜山押上火车，每个车厢塞了很多人，女俘们大声唱歌，美军往每个车厢里丢了 3 颗催泪弹，小杨奋不顾身地用身体掩护朝鲜女俘和她们的孩子，3 颗催泪弹都在她身上燃烧，把她烧伤了。8 月 9 日，火车到板门店，小杨戴着自己做的解放帽，举着自制的五星红旗见到了亲人，结束了战俘生活。回国后，小杨也被送到昌图战俘归来管理所，经过审查，她回到故乡，几十年如一日地在一个山村小学教书。作为一个女军人，被俘是她最大的不幸，但历史记住了她。

■1952 年 11 月 15 日，朝鲜战俘营奥运会开幕。

□1952 年 11 月 1 日，美国在太平洋比基尼岛核试验基地爆炸成功了世界上的第一颗氢弹。

人物小传

杨玉华

杨玉华是朝鲜战争时的一位随军女护士，在第五次战役后期，180师后撤时被俘。她被俘之后，美国军队觉得为她一个人开一个战俘营不合适，所以把她送到朝鲜人民军的女战俘营里面，同她们一同关押。在遣返时，她坚决要求遣返，在1953年夏天，她被遣返，当时新华社专门拍了照片，她自己带着一面在战俘营里缝制的五星红旗，展示给大家，表示自己的爱国情怀，志愿军政治部主任杜平还专门对她进行了慰问。

战俘不愿回大陆真相：血淋淋“甄别”

在朝鲜战争时，人类已经进入了非常文明的时期，新闻和信息事业比较发达。战场上的一切，都处于新闻舆论的监督之中，也受到了全世界人民的普遍关注。因此，在对待战俘这个问题上，双方总体上都没有做出太出格的事情。两国都很关心战俘的命运，关于交换战俘问题的谈判，甚至还一度影响了战争的进程。

然而，在当时，国际却流行着这样的新闻：战俘们都选择去台湾，而不肯回大陆！直到今天，仍然有人对此深信不疑。其实，真实的原因，是美国伤天害理的“甄别”举措。

在国际上，一旦战争结束，立刻释放并遣返全部战俘已是惯例；在制定1929年《日内瓦公约》时，与会各国同意“全部释放”的原则；1949年，在日内瓦会议上制定的《关于战俘待遇的日内瓦公约》中特别写进了这样的条款：“战事停止后，应立即释放和遣返战俘，不得迟疑。”

■1953年8月8日下午，被关押了两年多的小杨随473名朝鲜女俘一起被释放。
□1953年7月26日，菲德尔·卡斯特罗率领起义者武装袭击了圣地亚哥东北蒙卡达兵营，古巴革命爆发。

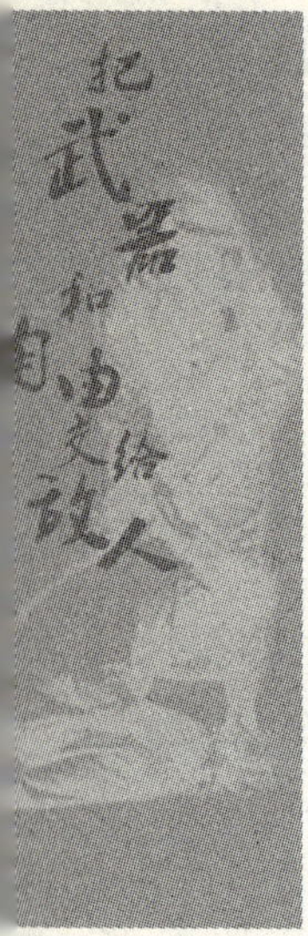

然而，在1951年7月，由于美国在战场上的表现很不如意，为了挽回形象，诋毁中国大陆，美国军中有人提出了一个“自愿遣返”的建议。由于在2万多志愿军战俘中，有不少是从前国民党军队中投降的人。因此，这个人认为，肯定有很多人不愿回大陆，而是想去台湾；在11万多朝鲜战俘中，也会有不少人不想返回朝鲜北方。因此美国可以运用“按照俘虏的意愿来决定他们回哪里”的方法，制造出许多“宁可自杀，也不愿意回大陆”的“事实”，以此来败坏志愿军的名声。

但出乎美国人预料的是，绝大多数战俘都渴望返回祖国大陆，朝鲜战俘也希望返回北朝鲜。于是，美国干脆将遣返“甄别”变成为“胁迫”。根据美国政府的指示，美军战俘营当局还特意请来一些南朝鲜和台湾的特务，在战俘中间大肆进行活动，制造战俘们“誓死不愿回大陆或北朝鲜的“事实”。

胁迫手段之一是大搞刺字活动。在内战快要结束的时候，国民党军心涣散，山西军阀阎锡山在士兵身上刺上反共口号，使这些士兵因此不敢投降。现在，美国人如法炮制，用强行手段在战俘身上刺上“反共抗俄”之类的字迹，如有不从或反抗，必遭残酷折磨，甚至被杀害。仅在巨济岛战俘营第72联队，8000人中有6000人被刺了字。一位回来的战俘叙述了当时的情况：“敌人强迫我们在身上刺上‘反共抗俄’的字样，我坚决不干。敌人说我是顽固的赤色分子，说我是组织暴动，便令50多人每人打我5棍子，当即把我打昏过去。就在打昏我的同时，敌人在我身上刺了字。”

有些战俘在被刺字后痛苦万分，有的精神崩溃了，有的人因此而自杀了，还有人认为这是奇耻大辱。于是，在没有手术刀和麻醉药品的情况下，他们忍住剧痛，用剃须刀相互将刺字的皮肤割下来。1951年10月，美国总司令李奇微来到巨济岛战俘营参观，战俘营当局把一些事先准备好的、刺过字的战俘作为代表，向李奇微表示了不愿回国的“决心”。

■1953年4月20日，中、朝、美的第一批伤病战俘遣返工作终于开始了。

□1953年5月29日，英国人艾德蒙·希拉里爵士和夏尔巴人向导丹增·诺盖成为最早登上珠穆朗玛峰的人。

人物小传

李奇微

李奇微，全名马修·邦克·李奇微，生于1895年3月3日，死于1993年7月26日，美国陆军四星上将。他1917年毕业于西点军校，1918~1926年在其母校和本宁堡步兵学校任教。后来在中国、尼加拉瓜、巴拿马、菲律宾、巴西和美国各地服役，并先后进入指挥与参谋学校和陆军军事学院深造。1937年毕业于陆军军事学院，1939年在陆军参谋部作战计划处任参谋。

1943年7月，他在西西里岛登陆战役中，指挥该师实施美军史上第一次大规模夜间空降作战。1944年6月率部参加诺曼底登陆战役，并荣升第18空降军军长。随后参加"市场-花园"行动、阿登战役和鲁尔战役。战后，任地中海战区总司令。

1948~1949年，任加勒比地区美军司令。1949~1950年任陆军副参谋长。朝鲜战争爆发后，任美国第8集团军司令兼"联合国军"地面部队司令。1951年4月接替麦克阿瑟任"联合国军"总司令，1952年5月接替艾森豪威尔任北大西洋条约组织武装部队最高司令，1955年6月退役。他著有回忆录《军人》和《朝鲜战争》等。

胁迫手段之二是强迫战俘在"要求去台湾的血书"上签名、盖手印，并写下内容是"再不送我去台湾，我宁愿自杀"之类的"绝命书"。一位志愿军战俘回忆了他那"签字"的过程：一天晚上，大家都睡了很久，突然有人叫大家马上起床，说要搞签名活动。凡是不去的，就会遭到一顿毒打。到了以后，美国派人扳着手臂，一人握针，强迫扎破手指和按手印。

于是，一份有3000多个血指纹的"血书"，在第二天就呈报了上去，并被作为"证据"送到战俘遣返的谈判桌上。尝到甜头的美国人接着又炮

■1993年7月26日，曾任美国朝鲜战场总指挥的李奇微去世。
□1993年7月25日上午，新扩建的抗美援朝纪念馆开馆典礼在辽宁省丹东市举行。

制了一份份“血书”，并将它们发布给新闻媒体。甚至制造出“有位志愿军战俘因太想去台湾而自杀”的新闻，在他身上还发现了一封感人肺腑的“绝命书”并被许多西方报刊登载。可是，最后调查发现，这个人其实是个目不识丁的文盲。

1952年4月8日，联合国军正式下达了执行“甄别”的命令。但是，“甄别”进行得不顺利，遭到了中朝战俘的抵制。在17座战俘营中，有7座战俘营的战俘干脆拒绝任何询问。美国人于是决定动用武力，进行强制性“甄别”。他们将受“甄别”的中朝战俘集中到广场上，对坚决要求回祖国的战俘当众进行摧残，从辱骂开始，逐渐发展为殴打，继续升级到割人肉和挖人心，甚至将割下的内脏和人肉放在火上熏烤和吃掉，并扬言：“你们吃了联合国的饭，要走就把肉留下。”

除了割人肉、挖人心外，还有活埋、倒悬、火油灌口、开水煮人、蒸笼蒸人等酷刑。在短短几天中，仅在72联队和86联队，惨遭杀害的就有99人，被割肉的就达300多人，被打成重伤的有340多人，轻伤者1000多人。

战俘回国受接待　　8－3

美国还设置两条狭窄的通道，一条是通向原来战俘营的，不愿回祖国的战俘可走这一通道；而另一条是供愿意回去的人选的。前一条通道是通畅的，后一通道上则险阻重重，由手持刀具的台湾特务和南朝鲜军人把守，还站着手拿木棍的美军士兵。结果，第一个走向后一通道的战俘在入口处就被乱刀砍死了，然而回到祖国与家人团聚的迫切愿望，还是激励着战俘拼命冲向这一通道。面对这血腥的场面，也有不少战俘不得不走向了前一通道。

几千名死里逃生冲过后一通道的战俘，随后被统统集中到602联队，又遭遇到进一步的摧残，甚至是屠杀。602联队是一个已废弃的战俘营，只有一片空地，没有一座帐篷，美国又拒不提供食物。当战俘们提出食物要求时，美军立刻以“暴动”为由开枪射击，打死打伤100多人。

据记载，在第三收容所里关押的380多名志愿军伤病战俘始终拒绝“甄别”，他们明确表示：“强烈要求回祖国，坚决反对去台湾。”美国战俘营当局闻讯后，派重兵包围了第三收容所，接着断水断粮。3天后，收容所内已有人饿死和渴死。美方以为时机成熟了，但仍然没有人出来接受“甄别”，美军随即开始了屠杀，扫射持续1个小时，当场打死200多人。接着，美军施放毒气，终于把剩下的100多名战俘赶到了一个空场上实行强制“甄别”。

美军的暴行也激起了战俘们的反抗，其中最著名的反抗斗争就是在5月7日下午，在巨济岛战俘营里，在602联队的支持下，76联队成功扣押了战俘营总管、美军准将杜德。作为“俘虏的俘虏”，杜德承认错误，并承诺要改善战俘营的状况和战俘们的生活。然而，在被释放后，他立即翻脸，美军向76联队发起了攻击，有150多名战俘被打死打伤。

经过艰苦的谈判，1953年4月20日，中、朝、美的第一批伤病战俘遣返工作终于开始了。交接工作令人触目惊心：从车上抬下了28名肢体不全的志愿军战俘，他们总共只有12条腿。而在后一批送达的7名战俘中，仅剩下2条腿和4只手。7月27日，中、朝、美三方正式签署了朝鲜停战协定，但仍有大批志愿军战俘被扣押在美军的战俘营中。美方根本就不打算将他们遣返。

就这批战俘的去向问题，中朝代表与美方代表进行了激烈而艰难的谈判，最终达成各方战俘不直接遣返，而是将他们暂时移交给中立国印度的部队看管。9月9日，由印度人为主的“中立国遣返委员会”成立，但美国仍然多加阻挠。

1954年1月21日，当一艘载有志愿军战俘的美军运输船离开朝鲜向台湾岛驶去时，撞沉了一艘美军军舰，舰上的28名美军全部死亡。结果，有80名战俘侥幸逃脱，回到了祖国。一位归来的战俘述说了当时的情况：“我们被架出印度部队看管的战俘营，营地外面的公路上站着100多个全副武装的美国宪兵，凶神恶煞地监视着我们。特务们早就恐吓过，要向南走，不许向北走，谁不服从，美国兵就要开枪！”一位“中立国遣返委员会”的工作人员对记者讲述了自己的感受：“我只能产生这么一种印象，这是屠宰场人员押着一批等待屠宰的牛羊进入屠宰场，绝对不是战俘在‘投奔自由’。”

随着真相大白，中国政府对此进行了强烈谴责，国际社会也对美国大加抨击。中国外交官乔冠华曾经就这一问题说道：“美帝国主义从此又欠下我们一笔债，是人权债。”

朝鲜战俘营里的奥运会

战俘营里开运动会——这听起来是不是像天方夜谭，但这却是20世纪实实在在发生的事情，恐怕也是世界上绝无仅有的战俘运动会。它的举办者是我国，地点是朝鲜战场的战俘营。它虽然没有国际奥委会的授权，但一切是按照国际奥林匹克模式进行的，是人类战争史上的一个奇迹。

与美方虐待被俘人员形成鲜明对比的是，志愿军对美、英等国的大量俘虏，坚决执行人道主义的优待政策。志愿军入朝参战后，经过头三次战役，“联合国军”被俘人员逐渐越来越多。为了安置这些战俘，中朝在碧潼建立战俘营，一批又一批美、英及其他国家的战俘被陆续转送到了这里。

俘虏的生活无疑是极其郁闷的，志愿军战俘营为了改善战俘们的生活，采取了很多方法。其中一点就是利用文体活动丰富他们的业余生活，1951年5月，志愿军战俘营文艺工作队成立，经常在战俘营巡回演出歌舞、戏曲、音乐、魔术等文艺活动，还建立了战俘俱乐部。战俘可以给俱乐部提意见和要求。除了文体活动外，还建立了电影队、图书阅览室、墙报、板报、有线广播等。

历史事件特写：200只苍蝇换一支烟

有一天，战俘营里的美军发现看管他们的志愿军都在打苍蝇，还将打死的苍蝇用袋子装起来。于是很奇怪地问：“你们为什么要打苍蝇呢?”

看管人员回答：“我们伟大的祖国正在开展轰轰烈烈的爱国卫生运动，要消灭苍蝇这些害虫，我们虽然在国外，也要响应嘛。”

战俘又问，那为什么要把死苍蝇装起来呢？看管回答说是为了记分。战俘更奇怪了，不明白工分有什么用。但在好奇心的驱使下，他们也要求参加“打苍蝇运动”。

于是，战俘营里领导批准了他们的这一请求，并发表讲话：“很多战俘表示要参加我们的灭蝇运动，这是进步的表现。为了鼓励你们，我们准备了一个奖励办法。每打死200个苍蝇，可以得到一支香烟。”

于是，大家打苍蝇打得不亦乐乎，场面如火如荼，很是壮观。有位战俘还想了个方法，用臭袜子编了个网，苍蝇爬进去就出不来，因此不费吹灰之力就抓到很多苍蝇，大家纷纷效仿。为了能够多得到几支烟，因为苍蝇被偷而吵架打架的事都常有发生。战俘营里经常可以听到“嗨，你小子还欠我五百只苍蝇，什么时候还?”之类的问话。

因为数苍蝇实在是太麻烦，后来改成了以重量计算。但死了的苍蝇水分会蒸发，放一天之后重量损失不少。为此战俘们想了不少办法，最常见的就是用一块湿布把苍蝇的尸体给裹起来。

志愿军还为战俘们购置了大量的体育器械，战俘们也自制了一些；共修建了82个篮球场、排球场、足球场、滑冰场等运动场地，战俘们可以在规定的时间内自由地参加各种体育活动。战俘营还经常组织一些小型的篮球、足球、排球、橄榄球、乒乓球、冰球、网球、拔河、棋类等友谊比赛。看管战俘的志愿军，还经常同战俘篮球队打球，场面激烈而友好。夏天，战俘们可以到鸭绿江游泳、钓鱼；冬天，可在江面滑冰、打冰球。并且，在进行这些室外活动时，没有武装哨兵跟踪和监视，只要符合规定就没有限制。

《战俘营奥运会纪实》　　8－4

就在这样的情况下，战俘营奥运会得到批准。对于这次奥运会的名称，志愿军和战俘们共同讨论。有人说叫“碧潼运动会”，有的说叫“战俘营运动会”。后来，有个叫雷奇的黑人战俘说，这次运动会有10多个国家的战俘参加，像一个大型国际盛会，就叫作“中国人民志愿军碧潼战俘营奥林匹克运动会”吧，大家很赞成，于是名称就定下来了。

于是，1952年11月15日，俘管处从全部6个战俘营的13107名战俘中，选拔出500名分别属于美、英、法、加、哥、澳、韩、菲、土、荷、比、希、墨和波多黎各等14个国家和地区的选手，举办了这次盛况空前的战俘运动会。

运动会场设在碧潼中学操场，门是用由松柏树枝扎起来的，会徽上面一只展翅欲飞的和平鸽，下方是一块用中、朝、英文书写的“和平之门”巨匾。会场上悬挂着“运动会是通向友谊之路”、“和平是人们共同的目标”等巨幅标语。不知道的人见了，还以为是什么节日，完全想象不出会场上的人是一群失去人身自由的战俘。这次战俘奥运会，中国也向全世界展开了“期望和平”的用心。

运动会开始后，场上奏起了《友谊进行曲》、《保卫世界和平》等乐曲，美国战俘小威利斯·斯通手持火把跑步进入会场。主席在致词里强调“未来终将属于和平”。运动大会共进行了田径、球类、体操、拳击、摔跤、拔河等27个项目的比赛。运动员中以美国战俘居多，参加文娱节目演出的战俘有202人。场上还组织了一个由26个战俘组成的拉拉队。

比赛进行了12天，于11月26日结束。奖品都是从北京、上海、沈阳等地购买的景泰蓝花瓶、丝质雨伞、檀香木扇子、玉石项链、丝巾等手工艺品。发奖时战俘们的情绪高涨，处处都是欢声笑语，有些战俘甚至还激动地高呼：“中国人民志愿军万岁！毛主席万岁！”

运动会期间还有丰富的娱乐节目。例如，美军战俘演出了话剧《金色的男孩》，英军战俘演出了话剧《哈特雷的假日》。运动会期间的伙食都是由战俘推选出的厨师烹调的。有位战俘给壁报投稿写道：“我们吃的有炸鸡、炸鱼、卷心菜、火腿、色拉、肉包、水果等，还有白酒和啤酒。”

很多战俘都非常感动，战俘德尔马·米勒给他母亲的信说：“我在朝鲜志愿军战俘营参加了有十几个国家的战俘参加的运动会，这是世界上从来没有过的事。我得了障碍赛冠军、撑竿跳高第一名，出尽了风头。你们一定为我高兴，我得到了许多中国精彩的手工艺品做奖品，我很喜欢，回去后我送给你们。”

后来，有84名战俘联名写了36封信，给美、英等国的新闻媒体和社会团体，呼吁和平，制止战争，中外新闻记者也对这次运动会进行报道。在运动会上，有个很特别的俘虏，他是美军的随军上尉摄影记者、美联社的弗兰克·诺尔。他被批准在运动会上摄影，所拍摄的照片在新闻媒体发表后，引起了很大的轰动。

另外，战俘们自己还办了一个小报《走向真理与和平》，主编是美军战俘普里斯顿·瑞奇，他写了很多关于这次运动会的报道。他在一篇题为《战俘营的奥林匹克运动会》的文章里写道：“闻所未闻的事正在发生……艾伯特·C·贝奥西姆中士正在发出欢呼。”

战俘们赛后领奖　　8－5

一位英国战俘写道：“中国人对我们太好了，尽管有人说这个国家的运输完全瘫痪了，但运动会的设备却都是崭新的，全是从中国运来的。”其实，赞美这次运动会的战俘远远不止这几个，很多战俘都写文章或感言，这些文章至今仍保存在纪念册中。有位战俘以《史无前例》为题撰文说：“作为一名战俘，能参加这次战俘营奥运会，我感到非常愉快，这在历史上是第一次。”还有位战俘写道：“我做梦也没有想到在碧潼会有如此快乐的时光，我天天微笑着入梦，微笑着醒来。我感到我又回到幸福的世界了，我对中国人民志愿军无限感激。我将永远记住他们是如何善待我们的。"

有位战俘是这样说的："俘虏我们的人，自始至终表现出无可挑剔的协作、宽容、热情与无私的精神。对于我们这些俘虏来说，宽大政策早已超出了宽大的界限，而被兄弟之情所取代。"

战俘营奥运会举办，让来自各国的战俘们感慨万千，甚至改变了一些人的人生观。美军战俘威廉·A. 康姆顿在闭幕的结语里说："为了什么，究竟为了什么，战争依然还在打个不停？为了什么，究竟为了什么，世界的今天，还不见和平战胜战争？"对于这些从炮火中侥幸存活下来的人来说，没有谁比他们更能体会到生命与和平的可贵。

值得一提的是，志愿军文明对待战俘的很多资料，出自敌方总指挥官李奇微的回忆录，属于第一手可靠资料。

酷睿点评

在战俘营里举办奥运会，这的确有些天方夜谭。其实，对于它的评价，也并非是一路鲜花。例如，外国人评论"这是中国人的'面子工程'"，不少中国人也不满"自己都吃不饱，还对敌人那么好，这不叫人道，这叫傻"。真的傻吗？我看未必，"不战而屈人之兵"，这恐怕是把老祖宗的这一思想运用得很完美的一次。无论如何，我们从这里看到了对生命的尊重。"所有战争都不值得称道，不值得为任何政治阴谋家卖命"，这应该逐渐成为人类的共识。看来在这点上，学学意大利人的"不男人"，也是很不错的选择。

九、“二战”后的战俘：和平年代的灰暗角落

“二战”后，世界大体和平，但也发生了一些局部战争。例如中印战争、中越战争、海湾战争、美国对阿富汗的战争、伊拉克战争等。跟古代战俘相比，这一时期的战俘实在幸福得多。当然，虐待战俘的事件仍有发生，最著名的就是近几年的美国虐待伊拉克战俘丑闻。

越战俘虏奇闻："象牙海岸行动"及美俘拍电影

大量俘获战俘的日子，自“二战”以后事实上再也没有发生过。在其后的许多局部战争中，长期关押敌方战俘人数超过 20 万人的几乎没有。但人数少了，却并不等于战俘的故事画上了句号，反倒因美国频繁地在世界各地发动战争，使得战俘的故事更加曲折。

在“二战”后曾经最多手握美国战俘的国家就是中国和越南。在和平年代里，人们比以往更加珍惜生命，将士的阵亡和被俘更容易牵动战争国人民的心，以及引起舆论上的轩然大波。

越战进行到 1970 年的春天，随着美军在越南阵亡人数的增加，越战在美国内部越来越不得人心。据保守估计，当时在东南亚被俘的美军达到了 450 人，其中有 80% 在北越，其中包括美国第 7 舰队总司令麦凯恩的儿子，2009 年的美国总统候选人——约翰·麦凯恩。有一半多的美俘，已经被关押了 2000 多天，美国国内民众对这场战争越来越失去耐心，反战浪潮高涨，纷纷要求美国政府立即停止越战，要求越南政府释放美军战俘。在这种情况下，美军不得不发起了旨在营救美俘的“象牙海岸”行动。

美国五角大楼设置了一个特别工作小组，任务是通过空中侦察来搜索位于越南的战俘营。据侦察来的情报显示，位于越南河内以西 37 公里处有个山西战俘营，它所处的地段很偏僻，关押着 50～100 位战俘（后来证实的数据是 57 名）。经过详细分析后，美军认为它是最容易突袭成功的战俘营，于是立即开始制定营救计划，代号为“象牙海岸”，该行动将最终牵涉 26 名策划者和一支由 148 人的特遣部队来实施。麦纳将军将担任整个行动的指挥官，他曾参加过“二战”，并曾在越南执行过多次特种作战任务。

■1936 年 8 月 29 日，麦凯恩出生于巴拿马运河区域一个名为可可-瑙罗的美国海军基地。

□1936 年 8 月 1 日至 8 月 16 日，第十一届奥运会在德国柏林举行。

副指挥官西蒙斯是突袭行动的现场指挥官，是“二战”的老突击队员，曾在菲律宾、老挝等国大显身手，外号“公牛”。

最终的行动计划是美国陆军一支突击小队乘坐直升机飞抵山西，期间将有美空军特战飞机提供导航，有直升机提供空中加油，还有飞机提供空中掩护，10 架飞机进行战斗巡逻，并拦截敌机。后来，麦纳将军还决定增加一个轰炸机编队来分散敌方注意力。这个小分队的营救组代号为“蓝色少年”，由迈道斯上尉指挥，负责俘虏的寻找营救工作。另外有一个警戒组，代号是“红色车轮”，由希德纳中校指挥，机上有 20 名突击队员，其中一部分负责封锁四处的道路，击退敌人，另外一些人负责把监狱的外墙炸开一个缺口，并把战俘解救到直升机上。还有一个支援组，代号“绿色暗礁”，由西蒙斯上校亲自指挥，对前两组的行动提供支援。

对于这次行动，美军可以说是谨慎又谨慎，准备得充分又充分。非常关注战俘身体状况的卡塔尔多上校，还申请了专门的医疗急救包。在正式行动之前，美军秘密进行练习和模拟训练，包括目标识别、村庄侦察、房间搜查、手语、爆破设备的安置、丛林生存以及夜间射击等。他们共进行了长达 1000 多小时的训练，无一次事故发生。

10 月 6 日，行动小组最后进行了一场真刀真枪的预演。他们通过预算，认为如果一切正常，从行动开始到将战俘上载到直升机上，只需要 25 分钟的时间。一切准备完毕后，他们向尼克松总统的国家安全顾问基辛格做了汇报，认为有“95％到 97％的成功率”。

正当他们准备行动时，来自河内的一个可靠情报显示，山西的战俘可能已经被转移了。美军侦察机企图对战俘营进行最后的侦察，但没有成功。而另一份报告显示战俘营肯定有人。最后，包括尼克松总统在内的美国政府人员还是决定行动，麦纳将军将时间定在了 11 月 20 日夜晚。

起初，一切都进行得相当顺利。但关键时刻，一架直升机的传动装置出现了故障，飞机将不得不进行迫降。但由于情况紧急，所以该机驾驶员选择了忽略。在之后的战斗中，该机炮手用机枪摧毁了战俘营的两个警戒

■1965 年 3 月，以色列间谍洛茨被捕，被处以终身监禁。
□1965 年 3 月 5 日，云南省西盟佤族自治县成立。

哨。但此时，他们才发现降落地四周的树木比他们想象的要高两倍。直升机降落时，翼片打在了树上，刮起的树枝、树叶还有一些垃圾漫天飞舞，直升机根本不是降落下去的，简直就是摔在了地上，但幸运的是人员没有受伤。

在营救组队员冲向监狱时，一位上尉手持扩音器高声叫喊着："我们是美国人，不要抬头，这是一次救援任务，我们是来救你们的。"期间，不知什么原因，载着西蒙斯上校和另外22名支援组突击队员的直升机，误降在了离战俘营南部450米处的中学里面，并且遇到了装备精良的一群苏联士兵，双方在黑暗中展开了一场激战。苏联人被打了个措手不及，几分钟不到，美国人就干掉了对方100多人，自己无一死亡。

但也就在这时，西蒙斯上校发现自己去错了地方，赶紧召唤布利顿中校将他们运到战俘营。而此时的战俘营，美军也正在和北越军队展开一场激战，他们共击毙了10多名北越军人，但就是搜遍了战俘营，也没有发现一个战俘。期间，支援小组的一名队员由于腰带断了，他匆忙从一个北越军尸体上"借"了一根腰带，这是此次营救活动中唯一的战利品。

尽管无功而返，但参加此次行动的人员仍然被美国政府颁发了勋章。因为此次突袭本身基本上是成功的，只是目的没有达到。但美国战俘多少还是从中得到了一些好处，据说他们的待遇大大改善，还能从美国接收信件和包裹。

事实上，美国人如此紧张这些战俘也不是没有道理的。众所周知，中国以优待美国战俘而闻名，而越南则以利用美国战俘而闻名。别看当时关在北越的美国战俘不过200多人，可基本上都是战机驾驶员，文化程度高，属军中优秀分子。这200多人被北越玩弄于股掌之中好几年，气得美国政府干着急。

越南方面利用战俘可以说是无所不用其极，他们虽然没有虐待战俘，却将战俘的用处发挥得淋漓尽致。例如他们把这些战俘分散关押在一些要害部门并公开宣传，使得美国飞机不敢贸然轰炸。他们让这些战俘频繁出

■1967年春天，"佛瑞斯塔号"航母被安排参加轰炸越南北部的"滚雷行动"。

□1967年，英廷正式放弃加拿大自治领的称号，改为加拿大。

现在记者招待会上，给美国不断高涨的反战浪潮添油加醋。他们让这些美国战俘演电影中的反派人物，从而达到羞辱美国人的目的。而一些美国的战俘家属，正是从这些影片里才确切地知道了自家亲人的下落。

越南人并没有虐待战俘，越南政府也帮助转送一些来自美国战俘家属寄来的包裹。这些包裹里面的东西从速溶咖啡到水果糖无所不有。但越南人的生活水平同美国空军飞行员的生活水平有着天壤之别。美国飞行员在国内地位很高，到哪儿都住五星级的希尔顿饭店，而越南战俘营的大通铺、硬板床、蚊子，再加上潮湿闷热的气候，使他们真是度日如年。美国战俘给北越的战俘营起名叫“河内希尔顿”。如今在美国说谁住过“河内希尔顿”，在社会上就会备受敬重。

从战俘到总统候选人——麦凯恩的传奇

2009年，麦凯恩和奥巴马竞选美国总统的事情可以说是无人不晓。尽管麦凯恩最后失利，未能当上美国总统，但他也一跃成为世界级的名人。随着他知名度的扩大，人们也越来越对他的经历感兴趣，他的5年越战俘虏生涯也浮出了水面。

人物小传

麦凯恩

麦凯恩出身于将门世家，他的父亲和祖父皆为知名的美国四星级海军上将，而且是美国历史上第一对父子海军上将。他的祖父领导的美国第三舰队中最强大的一艘航空母舰参与了“二战”中的关键战役，在升为海军上将后又负责指挥大西洋上的舰载机侦察部队。同样，麦凯恩的父亲在“二战”时是一位功勋卓著的潜艇指挥官。在越南战争期间，他的父亲指挥所有在太平洋上的海军力量。

麦凯恩 1936 年 8 月 29 日出生于美国控制的巴拿马运河区域一个名为可可-琐罗的美国海军基地。正因为如此，有的媒体认为如果麦凯恩当选，美国会出现第一位“拉美”总统。麦凯恩一家人包括他的姐弟，均随他的父亲在美国本土和太平洋地区的海军据点来回迁居；麦凯恩总共去过约 20 个不同的学校读书。直到 1951 年，家人才定居弗吉尼亚州北部，麦凯恩这时就读于亚历山德里亚的一个私人预备寄宿学校——圣公会中学，并于 1954 年毕业。那一年，他进入了美国海军学院就读。

他还是一个不墨守成规者，他除了酗酒，还赌博，性格也极其顽固和狂放不羁。作为军校的一年级新生，他就挑战每一个公认的礼节，他曾是海军学院里被“记过”最多和学习成绩最差的学员之一，一大堆缺点让他好几次差点被开除。1958 年，他在同期 894 名学生中排名倒数第五而“光荣”毕业。

直到麦凯恩做了飞行员后，他才开始获得成就及美誉。在做了 9 个月空军培训基地长官参谋后，他感到沉闷，在一次与海军次长保罗·菲打网球后，他要求帮助找一个在越南参战的机会。就这样，他参加了越战。

在 1967 年春天，“佛瑞斯塔号”航母被安排参加轰炸越南北部的“滚雷行动”，当时的麦凯恩是一名 31 岁的少校。在成功完成 5 次轰炸北越任务后，1967 年 10 月 26 日早晨，他驾驶的攻击机被导弹击落而坠毁，在弹射出飞机时他还摔断了双臂和一条腿。恢复意识时，他发现自己已经被俘虏。数百名越南人包围着他，对他吐口水并且又踢又踹，扯掉了他的飞行服；有人还用步枪枪托击折他的肩膀，甚至还有人用刺刀戳他的左脚踝和腹股沟。

■1967 年 10 月 26 日，麦凯恩成为越军俘虏。

□1967 年 10 月 15 日，中国第一台自动化立体摄影机研制成功。

后来，他被送到华卢监禁所，也就是被美军俘虏们戏称为“河内希尔顿”的地方。在那里，审讯开始了。由于麦凯恩拒绝提供任何情报，所以经常被拷打直至失去意识。当越南人从剪报中发现他的父亲是一名高级指挥官时，才给了他最低限度的治疗。

1968 年 7 月，麦凯恩的父亲被任命为越南战场所有美国军队的最高指挥官，北越人给了他释放回国的机会，但他拒绝了交换条件。他要求在他之前入狱的美国兵也要获得遣返。

于是更残酷的折磨开始了，北越人用绳子绑在他疼痛的地方并每隔两小时殴打他一顿。在残忍的拷打下，他被迫签下了一份由越南文写成的反美宣传的“自白”。麦凯恩回忆说，误签这份文件是他身为战俘的岁月里，做得最错、最后悔的一件事。1971 年 7 月，为了纪念 1954 年越南从法国殖民统治中获得解放，越南人在河内的街道上举行了盛大的美军战俘游行，麦凯恩当时也身穿囚衣行走在受阅的战俘队伍之中。

不堪忍受俘虏生活，麦凯恩曾在越南监狱内两次试图自杀，但都失败了。美越《巴黎和约》签订后，在北越当了 5 年多战俘的麦凯恩，终于在 1973 年 3 月 15 日被释放，回国后他受到尼克松总统的亲自接见与问候。

麦凯恩将那次俘虏经历，视作人生中最重要的一次磨炼，他将自己形容为“活下来的人中最最幸运的人”。纵观麦凯恩的一生，这句话的确所言不虚，他福大命大，曾经多次侥幸死里逃生。1960 年，他的飞机发生意外坠落，但他只受了轻伤。1967 年 7 月 29 日，美国海军的导弹突然意外发射，击中了麦凯恩所驾驶、正准备起飞的战机，麦凯恩随即爬出了驾驶舱，90 秒后，掉落的炸弹在飞机底部爆炸，当时造成舰上 134 名水手罹难，62 人受伤。尽管麦凯恩的腿部和胸部都被弹片击中，但侥幸逃过一劫。俘虏期间，他的双臂和一条腿摔断，刑讯逼供以及伤后没有得到妥善照顾，使他患上了痢疾和痔疮，其他的美国犯人甚至认为他活不过一个星期，但最终他还是活了下来。

■1968 年 2 月 3 日，以色列用战俘将洛茨换回，他获得了自由。
□1968 年 1 月 8 日，南非医生克里斯琴·巴纳德进行了世界上首例心脏移植手术。

历史事件特写：麦凯恩被俘受虐是假？

麦凯恩在竞选运动期间经常说拥有丰富的外交和军事经验，又大谈自己曾经参与越战，沦为战俘并且惨遭虐待。但有媒体指出，麦凯恩在说谎，越南军方并没有虐待他。英国《泰晤士报》采访了当年负责看管他的狱长，这个人说，麦凯恩没有被虐待，而是得到良好的医疗照料。

据说，当年麦凯恩驾驶的战机被飞弹击中坠毁时，麦凯恩身受重伤，失去知觉。第一个跑到现场的是工厂工人刘励文。他一手抓住麦凯恩的头发，一手拿着利刀，把麦凯恩拉出机舱残骸。这位工人回忆说："我不关心政治，我当时只知道这个美国人杀了好多同胞，我想一刀杀死他，但我没有这样做，因为其他人说，保住他的命有更大好处。"他还指出，在民众赶到坠机现场伤害他之前，人们已把麦凯恩抬往警署，因此他根本没有被民众袭击。

这位狱长还说，麦凯恩被囚禁期间，不肯服从，经常违规，但他从来没有被暴力对待过。他是一个非常勇敢的人，在狱中胆敢和我争辩。但他不但没有受到虐待，反而得到很好的医疗照料。为了避免有人杀死他，自己还曾在他住院的隔壁房间保护他。而当年击落麦凯恩飞机的越南军人，甚至开玩笑说，如果麦凯恩成功当选成为美国总统，真想和他再见面。

值 9 名将军、5000 名战俘的间谍王子

在以色列，有一个非常具有代表性的情报机构——摩萨德。以色列特

■1968 年 7 月，麦凯恩的父亲被任命为越南战场所有美国军队的最高指挥官。

□1968 年 5 月 30 日，法国发生反对戴高乐的全国抗议活动。

工靠信仰而非兴趣服务于国家，因此战斗力极强，至死忠诚。在这个机构里，有一个特工，叫沃尔夫冈·洛茨，他被誉为“东方佐尔格”（佐尔格，苏联侦察员，新闻记者，苏联英雄）。

人物小传

沃尔夫冈·洛茨

沃尔夫冈·洛茨，以色列间谍，1921 年出生于德国曼海姆，幼年在德国生活。他的父母都从事戏剧工作，他也从小就表现出了极高的表演天赋。1931 年，他进入莫姆森人文中学学习。不久，父母离婚，为了逃避希特勒政权对犹太人的迫害，他的母亲带他移居到巴勒斯坦。在那里，他进入一所农业学校，读书期间他对马产生了极大的兴趣，学会了骑马、养马、相马和关于马的一切知识。

“二战”爆发后，洛茨参加了英国军队。由于他精通德语、希伯来语、阿拉伯语、英语四种语言，因此被派到埃及帮助审理纳粹战俘。1962 年被摩萨德派往埃及从事间谍活动。在那里，他以“德国游客”和“养马专家”的身份做掩护，广交埃及上层名流，获得了许多有用的情报，包括埃及最新式导弹、火箭、飞机制造等。这些情报帮助以色列在 1967 年第三次中东战争中占据了主动。1965 年 3 月，洛茨被捕，被处以终身监禁。1968 年，以色列用战俘将他换回。

洛茨之所以被招为特工，就在于他曾经有过在德国的生活经历，加上身躯健壮、皮肤白皙、头发金黄，因而很容易装扮成一个德国人。此外，他具有表演天赋，又极善于与人交流，很容易扮演成一个阔气大方又讨人喜欢的男子。

1961 年 1 月初，洛茨以一名德国旅游者和养马人的身份，来到埃及亚历山大，并以一名马迷的身份，加入到一个上流社会的骑士俱乐部。他腰缠万贯、骑术精湛、风度翩翩、出手大方、谈吐幽默，在上流社会很吃得开。这次“游历”，他套取到了很多有利情报。

后来，他又接到了新的任务：确定埃及的防御工事的方位，了解它的军事价值，并对即将抵达埃及的德国和奥地利的飞机导弹设计师进行监视。后来，他认识了一位德国姑娘，不仅执意要与她结婚，还坦诚了自己的间谍身份及所执行的任务。他在没有得到上级批准的情况下就结了婚，后来不仅得到了上司的认可，也得到了妻子支持。

当洛茨带着漂亮妻子回到埃及后，再次受到上流社会人士的热烈欢迎。他们花大笔钱购进了几匹阿拉伯纯种马，因为马术中心正好就在军事基地附近。每天早晨，洛茨都会带着年轻貌美的妻子来到马场，观看驯马。但实际上他是醉翁之意不在酒，他是在观察军事基地。

富有的洛茨先生对纯种马的兴趣与日俱增，于是有一天，一位埃及少校向他推荐新的马匹。洛茨借口说马厩已经塞满了，这位少校很豪爽地邀请他将马养在军营里，还给他们夫妻办了通行证，允许他们定期去军营。军官们不仅每次都热情地接待他们，甚至还带他们参观遍了各个角落，埃及的这一军事基地再也无秘密可言了。就这样，洛茨搜集到各种情报，并将它们源源不断地发回到总部。以色列军事情报局对他寄予了无限的期望，称其为特拉维夫的“开罗之眼”。

1964 年夏季的一天清晨，以色列情报总部指令洛茨不惜一切代价搞清楚沙卢发导弹基地的真相，因为他们怀疑那里可能有一些用来蒙蔽以色列人的导弹模型。洛茨决定亲自前往观察，夫妇俩就装成去海边钓鱼。这一次，他们引起了埃及军方的怀疑。但洛茨用他的演员天赋，并搬出他所认识的几位埃及名流，终于蒙混过关。

1965 年 2 月 22 日下午，洛茨一家驱车返回开罗。第二天清晨抵达家门口时，发现马路对面停着四辆汽车，还未反应过来，就被带上手铐拖走了。起初，洛茨又搬出各位将军来证明自己的“清白”，但很快就发

■1973 年 3 月 15 日，麦凯恩被释放，回国后他受到尼克松总统的亲自接见与问候。

□1973 年 1 月 23 日，美国总统尼克松宣布已达成越南战争停战协议。

现，这些人也都因涉嫌间谍活动而处境不妙。直到埃及秘密警察当着他的面，从浴室中取出微型电台后，洛茨才知道无法抵赖了。原来，他是被测出发报位置而暴露的。不久，埃及专家又成功地破译了所录下的全部电文。

事已至此，洛茨只得承认一切，说自己是德国人，是为了钱才替以色列搜集情报。因为他之前伪造自己是前纳粹军官，所以埃及人对此深信不疑。他还咬定所有活动都是他一人进行的，他的妻子对此几乎毫无所知。

被捕 12 天后，埃及安全机关问洛茨夫妇是否同意接受电视采访，并告诉他们，这样可以改善公众形象，争取从轻判决。洛茨当然不信，但他仍然答应了，因为他觉得自己可以通过一两句话，来暗示以色列情报机关这里到底发生了什么事。洛茨在电视访问中假装很有悔意，并说："如果以色列今后还派间谍来，它应当去找自己的公民，而不要再收买德国人或其他外国人。同时，我也真诚地劝其他人放弃为以色列做特工的想法，不要重蹈我的覆辙。"埃及当局对他的道歉感到满意，但他们哪里知道，洛茨实际上向他的以色列上司发出了重要信息：我的假德国人身份还没暴露，请根据这个想办法采取营救措施。

1965 年 7 月 27 日到 8 月 21 日，埃及法庭对洛茨夫妇进行了公开审讯，并且宣布了他的 10 大罪状。他被判处终身监禁，他的妻子也被判处三年苦役。随后，洛茨被关押在图拉监狱，成为该监狱第 338 号囚犯。洛茨在与妻子分手时，很平静地说道，"我们应该不会分别那么久吧。两年或者三年，家里人会设法救我们出去的。"

1967 年 6 月 5 日早晨，第三次中东战争爆发。11 月初的一天早晨，洛茨被叫到监狱副官的办公室。人们告诉他一个好消息：经过多方努力，埃及人原则上已同意释放洛茨夫妇，但最终实现还需要一点时间。1968 年 2 月 3 日，洛茨被告知获得自由了。

领事先生告诉洛茨，在他被释放的背后实际上有一笔特殊的交易。

原来，第三次中东战争之后，以色列政府表示：在埃及人没有释放在押的10名以色列人（其中包括洛茨夫妇）之前，拒绝释放包括9名埃及将军在内的5000名埃及战俘。洛茨自己都不敢相信，自己竟然身价如此之高。但这却是事实，第三次中东战争结束后，当以色列开始与埃及进行交换俘虏问题谈判时，以色列情报局坚持要将洛茨夫妇列入被交换俘虏之列。

回到以色列后，洛茨夫妇在一个乡村定居，过着幸福、舒适和安静的生活。后来，洛茨写了一本回忆录《我在埃及的间谍活动》。

轰动全球的美军虐囚丑闻

历史真相总是残酷的，从原始社会开始，人类对战俘使用了野蛮的甚至几乎是野兽般的手段。历史从来都不是温情脉脉的，而是经常要无情地践踏着千万具尸体而前行。在蛮荒时代，人们将炫耀暴力和武功视为光辉和骄傲。然而现在，我们生活在一个文明时代，动辄杀戮成百上千俘虏的年代已经过去了。

如今，我们虽然生活在一个和平的年代，但阳光之下并非没有罪恶。轰动全球的美军虐囚丑闻，使“战俘”这个特殊的群体再一次受到全世界的关注。

早在2003年，一个总部设在波士顿的人权组织就揭发过美国虐待塔里班战俘的事件。但那时在世界上造成的影响并不是太大。直到后来，媒体发布了一幅幅美国虐待伊拉克战俘的照片，虐囚问题才受到了全世界的普遍关注。

在伊拉克的巴格达西部有一个阿布格莱布监狱，它曾经因为萨达姆政权囚禁政治犯而臭名昭著，而后竟然成为美国囚禁伊拉克战俘的地方。虐俘事件发生后，这里被称为伊拉克的“巴士底狱”。布什曾经面对全世界非常骄傲地说：“一年前，我在‘林肯’号航母上宣布我们在伊拉克完成了一个重要目标，那就是我们推翻了萨达姆。现在伊拉克再也没有折磨人的房间和强奸人的地方了，萨达姆这个恐怖主义的朋友也被关进了监狱。”然而，虐囚事件的曝光，使得美国攻打伊拉克这个本来就不被世界认可的行为，变得更加无理和可笑。

从这些照片里我们可以看出，美军虐囚的手段可以说是五花八门。例如，有一幅照片显示，在阿布格莱布监狱的囚室里，美军士兵像骑动物一般骑在伊拉克囚犯身上，一些囚犯被迫吃倒在厕所里的食物。而在另一幅照片里，赤裸的战俘们被迫叠在一起，垒成人体“金字塔”；还有一幅照片，俘虏戴着面具被捆绑在刑具上，美军正在对他进行刑讯逼供；更有一幅照片显示，一个英国兵在战俘身上小便……这些照片以最直观、最真实的方式，呈现了美军虐待战俘的种种暴行，在事实和众多的证据面前，美军再也无法抵赖。面对国际上此起彼伏的指责声，2009年1月22号，美国总统奥巴马下令，在一年内关闭关塔那摩监狱。因为关押在这里的阿富汗战俘们受到了非人的凌辱和虐待。美国参议院军事委员会也发布了一份关于美军虐囚事件调查的报告，承认虐囚罪行，并称美国前国防部部长拉姆斯菲尔德以及其他美军高官应该为此事负责。

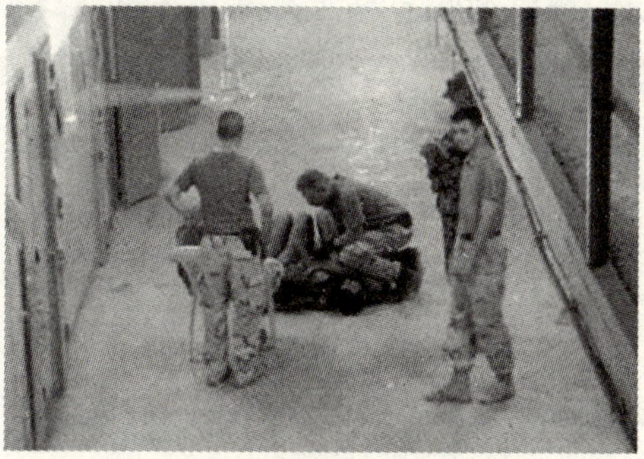

美军士兵跪在赤裸的俘虏身上　　9－1

人物小传

拉姆斯菲尔德

拉姆斯菲尔德于1932年7月9日生于芝加哥。1954年从普林斯顿大学毕业，获文学学士学位。1954年至1957年在美国海军当飞行员和飞行教官。在校期间是橄榄球队的主力，并曾获海军摔跤比赛冠军。

拉姆斯菲尔德乃德裔美国人，祖先在19世纪由德国的不来梅移居到美国的伊利诺伊州，而拉姆斯菲尔德则在伊利诺伊州长大，家人现在都在当地居住。

拉姆斯菲尔德早在青年时代已加入美国国防部工作，负责海军事务，并取得军衔。1975年已被当时美国总统福特委任为国防部长，乃历届内阁最年轻的国防部长。下台后仍留在国防部工作，并担任多项与国防有关的公职。当乔治·布什当选为美国第43任总统时，拉姆斯菲尔德被布什委任再出任国防部长一职，成为历届内阁中最年长的国防部长。

有意思的，美国此时仍然不忘拉中国下水，竟然将美军虐囚事件与中国联系了起来，说美军虐囚手段是借鉴朝鲜战争期间中国对美军战俘的逼供方式。美国的军方报告声称，美军的确对战俘使用了包括强迫站立、强迫裸体、剥夺睡眠或模拟溺死等审讯方式，这是参考了朝鲜战争中中国强迫美军战俘接受共产主义宣传的刑讯方式。但事实上，全世界都知道，朝鲜战争期间，中国一直给予美国及其他国家战俘以优待政策。

有意思的是，美军不仅虐囚，也要求自己的军人接受“被俘生存训练”。因为他们认为，身为美国兵，就要想到在国外参加作战时有可能成为敌方的俘虏。在五花八门的“被俘生存训练”中，教官通常会在你的耳边喋喋不休地提醒你：“不要老幻想着成为中国人的战俘（因为在美国的军人中间，流传着一个当中国人的战俘能享受到良好待遇的‘神话’。因为在20世纪50年代的朝鲜战争期间，美国军人在中国人民志愿军的战俘营里，享受过闻所未闻的人道主义待遇。）而美国战俘在第一次世界大战、第二次世界大战和越南战争期间，都在敌方的战俘营中遇到令人胆寒的“特殊经历”。

上虐待课是美军被俘生存训练的一项主要内容，别说是真正上课，光是听这个名字就会令人浑身直冒冷汗，别的且不说，让你在200人面前脱得一丝不挂，站上一个小时，个中滋味绝对好受不了。虐待课里的“好事儿”还多着呢：耳边响着巨大的噪音，聚光灯对着你的眼睛连照3天3夜，在茅坑边上蹲着吃饭，不停地被蚊蝇袭扰，在35℃的气温下睡没有枕头的木板床，吃一种看上去就让人恶心的古怪食物，等等。

这里的许多训练课都是从前美军被俘人员的亲身经历，有据可依。还有一些馊点子是在第二次世界大战的时候由一向善于发明创造的德国人最先想出来的。当时的这些方法是专门针对被俘入狱的抵抗组织成员的损招，有些是德国在审讯1942年著名的反纳粹组织“红色乐队”时用过的“能叫人不死，但还不如一死了之”的方法，据说很有效。善于吸取别人“长处”的美国人后来觉得这些虐待人的馊点子很有“价值”，故编进自己特种部队的教程。具有讽刺意味的是，美军在伊拉克战争中，对一些伊拉克战俘的虐待程度实际上还超过了他们在“虐待大纲”中所罗列的课程，一些最新发明的虐俘方法使他们的所谓虐待课相形见绌。

酷睿点评

“虐囚”丑闻，让美国苦心经营几十年的“世界警察”形象再一次破产，这对于很多人来说，尤其对那些被美国侵略的国家来说，多少出了一口气。也许，美国人应该埋怨自己所发明的这些高端设备，要不然，他们的谎言也许不至于这么容易被拆穿，连圆谎的机会都没有。尽管美国人什么都要管，以为什么都自己说了算。但要瞒住全世界的人，这技术难度也太大了一点。在这点上，美国真应该向中国人学学什么叫作“群众的眼睛是雪亮的”。

十 一个特殊的存在：女战俘

当战俘本来就已经够惨了，如果这些人是女人，结果会怎样？不论是奴隶社会时期的部落战争，还是封建时期的改朝换代，都会有大量的女性被敌人俘虏，其中还包括那些皇族女性。近现代，女人跟男人一样上战场，我们常在电视里看到刑讯逼供的画面。历史上的真实情况到底是怎样的？这实在是一个既沉重又吸引人的话题。

女战俘常见的几种结局

尽管参与战争、在战场上拼杀的主角总是男人，可是一旦战败，这个国家的女人被敌人俘虏，就只能成为受人欺凌和宰割的牺牲品。有句俗话说“男人通过征服世界来征服女人”，可想而知，所谓胜利的一方，自然不会轻易放过敌方的女人。例如，成吉思汗曾经非常露骨地说，自己最大的快乐就是攻陷敌人的城池、劫掠他们的财宝、占有他们的女人。在男尊女卑的时代，女人始终被默认为男性世界的附庸甚至是私有财产，所以女人一旦成为俘虏，下场也就可想而知了。

战胜方通常会怎样处理女俘虏呢？一般说来，最大的可能性就是将其充作奴婢。俘虏一直都是中国历史上最早、最普遍的奴婢来源之一。关于这个，我们前面已经讲过了。即使后来，奴隶制消亡了，这个遗风也一直存在。凡有战争发生，总有大量女性沦为奴婢。沦为奴婢的俘虏，不论贫贱富贵，都在劫难逃。

例如，宋代的一篇名为《匕狄俘虏之苦》的文章里写道：“自靖康之后，陷于金虏者，帝子王孙，官门仕族之家，尽没为奴婢使供作务。”《宋人轶事汇编》卷三中，有这么一个故事，说是宋代有一个公主被俘而成为奴婢，事情发生在“靖康之难”，金兵迁宋徽宗回燕京时，经过平顺府（今山西平顺县），途中赶上七夕，金人聚饮，徽宗在房中见一个胡妇带着几名美艳的汉人女子，唱歌跳舞，陪酒卖笑，稍有迟缓，就会遭到毒打。有个吹笛女子被迫入室助兴，但她却哭得唱不出歌曲。徽宗听口音是汴梁人，便问她是谁的女儿。这个吹笛女悄声答道：“我乃王宫魏王孙女也……京城陷，为抢掳至此，卖与豪门作婢。后来夫人容不下我，将我转卖给这个胡妇。”由此可见，只要成了战争俘虏，哪怕你是皇帝宗室，也逃脱不了

■630年，唐朝大将李靖大破突厥，索回了萧皇后。

□630年，由于麦加人违约，穆罕默德便率领十万大军夺取麦加城。

做奴婢的命运，平民百姓那就更不用说了。

对于女俘来说，做奴婢恐怕还是不错的归宿，更可怕的是被奸杀。一些野蛮民族，每攻陷一座城池，必定会“奸、淫、掳、掠”，放火、强奸、杀人、抢劫等无所不用其极。以古代战争为例：著名的靖康之难，宋徽宗、宋钦宗为了苟延残喘，竟以上万名宫廷、宗室和京城妇女为抵押品，让金军带走。在金军的营寨中，她们遭到野蛮的强暴和蹂躏。1126 年 11 月 25 日，金军攻破北宋都城汴京，共俘虏后妃 3000 余人，民间美女 3000 余人。

这些女俘的结局如何呢？据记载，被金兵掳走的女俘多达 11635 名。其中半数遭虐待、奸杀。剩下的一半，侥幸存活下来的 5300 名女俘，包括皇室嫔妃、公主在内，被带到金国，进入“浣衣院”成了军妓，过着生不如死的生活，日夜惨遭凌辱、奸杀。《呻吟语》记载：“妃嫔王妃帝姬宗室妇女均露上体，披羊裘……”

到了 19 世纪 70 年代，《在非常状态和武装冲突中保护妇女和儿童宣言》出炉，其中规定：“应尽最大努力使妇女和儿童不受战争蹂躏；并应采取一切必要步骤，确保禁止采取如迫害、拷打、屈辱待遇、强暴等行为。”但战争一打响，双方都杀红眼了，践踏这些条约是再平常不过的事情。例如，1937 年 12 月 8 日，江苏镇江沦陷，日军屠杀民众上万人，奸淫妇女数千计。1941 年 1 月 25 日，潘家峪惨案，日军屠杀村民 1230 人，强奸妇女几百人。1943 年 5 月，厂窖惨案，日军枪杀平民 3 万余人，强奸妇女 2000 多人……类似于这样的例子，可以说是数不胜数。它们不仅仅发生在中国，可以说是全世界的“通用法则”。

另外一个结局，就是像礼品一样被转赠，成了彻头彻尾的“物品”。最著名的人物就是东汉末年的才女——蔡文姬。她原本死了丈夫，闲居在家，结果被匈奴人掳走。因她模样俊俏、风度闲雅，就被将士当成宝贵的“礼品”转赠给左贤王，好在左贤王对她还不错，成就了一段 12 年“羶肉酪浆”的无奈婚姻，之后曹操将她赎回中原，才得以回归故里。

“二战”被俘的德国女兵　　10－1

人物小传

蔡文姬

蔡文姬名琰，原字昭姬，晋时避司马昭讳，改字文姬，东汉末年陈留围（今河南开封杞县）人，东汉大文学家蔡邕的女儿，是中国历史上著名的才女和文学家。蔡文姬的父亲蔡邕是当时大名鼎鼎的文学家和书法家，是曹操的挚友和老师。蔡文姬自小耳濡目染，既博学能文，又善诗赋。蔡文姬从小以班昭为偶像，也因此从小留心典籍、博览经史，并有志与父亲一起续修《汉书》，青史留名。

可惜东汉末年，社会动荡，蔡文姬被掳到了南匈奴，嫁给了左贤王，饱尝了异族异乡异俗生活的痛苦。12 年后，曹操统一北方，用重金赎回了蔡文姬。文姬归汉后，嫁给了董祀，并留下了动人心魄的《胡笳十八拍》和《悲愤诗》。《悲愤诗》是中国诗歌史上第一首自传体的五言长篇叙事诗。

■978 年，大唐后主李煜被毒杀，同年，小周后自杀。
□962 年，神圣罗马帝国建立。

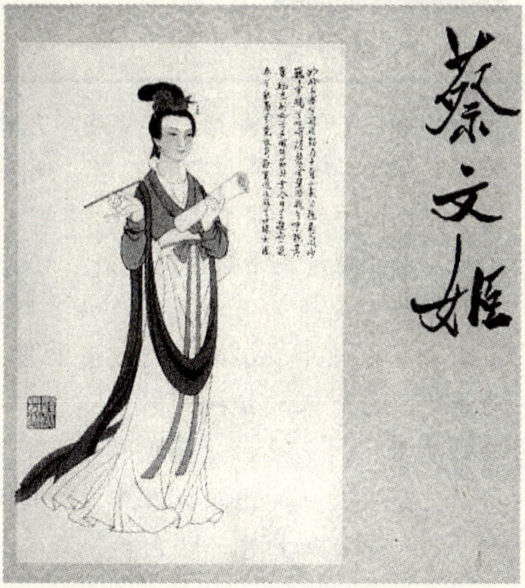

古代侍女图：蔡文姬　　10－2

而皇室贵族女子，一个很可能的结局就是被战胜国君主霸占。古人历来就有将“占有敌人的女人”视为胜利的思想，认为霸占对方的女人，是对敌人最大的侮辱。最著名的例子，就是宋太宗赵光义强暴南唐后主李煜的“小周后”。关于这件事，同时代有人画了一幅著名的春宫图《熙陵幸小周后》，熙陵就是赵光义死后的陵墓。明朝人沈德符曾绘声绘色地描述那幅画：“太宗面黑而体肥。周后肢体纤弱，数宫女抱持之。周后有蹙额不胜之态……”据记载，小周后不从，哭闹得很厉害，皇帝采取了“铁腕措施”，于是，从978年元宵节开始，之后半年的时间里，小周后被赵光义连续强奸。宋朝人在《默记》中说：“小周后随命妇入宫，每一入辄数日，而出必大泣，骂后主，声闻于外。后主多婉转避之。”其实，自己心爱的女人遭到这种侮辱，李煜又怎会不悲愤、难过呢？但是，一个自身都难保的亡国之君，他又能怎么样？

■1126年11月25日，金军攻破北宋都城汴京。

□威廉征服英国后，于1078年开始建造伦敦塔。他死后，威廉二世继承父业，共用了二十年的时间，直到1098年才将这座城堡建成。

人物小传

小周后

小周后，名周嘉敏，字女英，史称“小周后”。生于950年，死于978年，享年28岁。她是五代十国后期南唐国主李煜的皇后，闻名于天下的绝色美人，因娘家姓周而称为周后。她有一个姐姐周娥皇，史称“大周后”。

李煜宠爱的大周后身染重病，周家人为保富贵，将小周后送入宫中。小周后活泼美丽可爱，深受李煜母后的喜爱，时常派人接她到宫中小住。小周后酷似初入宫时的娥皇，只是她比娥皇更年轻、更活泼。随着接触的增多，李煜对她的态度发生了变化。因后来也被封为皇后，人们便把她称作“小周后”。

古代侍女图：小周后　10－3

■1127年5月1日，赵构在应天府（今河南商丘）称帝，建立南宋政权。

□英王亨利一世战败后，被囚禁在加的夫城堡内28年，并与1134年去世。

南唐被灭后，她和李煜一起沦为俘虏，期间更是受到宋太宗的胁迫和侮辱。李煜死于非命之后，小周后失魂落魄，悲不自胜。自此之后，太宗仍时时寻机要强召小周后入宫。小周后以死相抗，终得暂免再遭逼幸。短短几个月后，小周后终因经不起悲苦哀愁与绝望惊惧的折磨，于当年自杀身亡。

最有魅力的女战俘——迷倒五位君王的萧皇后

沦为战俘的女人，被战胜国的君主霸占，通常也都只是成为玩物，下场往往都很悲惨。但在这众多的女俘之中，也有一个例外，她就是隋炀帝的皇后萧皇后。她生逢乱世，丈夫是亡国之君，几乎做了半辈子的俘虏，但她却迷倒了五位君王。虽然历史上，让君王迷恋的红颜不少，但像萧皇后这样，经历改朝换代后，让俘虏她的君王仍然真心待她的，就屈指可数了。

萧皇后天生就是一个人间尤物，据说，她出生时，当时的占卜奇人袁天罡曾为她的相貌惊奇不已，给了她八个字：母仪天下，命带桃花。她自从十三岁做了晋王妃后，便开始在战乱中不断地被迫更换身份，历经了隋炀帝的皇后、宇文化及的淑妃、窦建德的宠妾、两代突厥番王的王妃，据传最后还成了唐太宗李世民后宫中的昭容。

据史书记载，萧皇后十三岁时嫁给当时身为晋王的隋炀帝，小两口做了23年的恩爱夫妻，一直感情甚好。但当隋炀帝坐上皇位以后，他的骄纵和放荡也慢慢显露了出来。虽然萧皇后国色天香，但俗话说得好："家花不如野花香。"早已司空见惯的隋炀帝，此时更渴望新鲜的面孔，所以一心征

古代侍女图：萧皇后　　10－4

选新的美女入宫。而萧皇后深知这个风流的皇帝丈夫，但又无可奈何，只好睁一只眼闭一只眼。于是，这一边，隋炀帝左拥右抱，风流快活；那一边，萧皇后却冷冷清清，独守着无尽的寂寞。

这时萧皇后方才三十多岁，时光没有在这女人俊俏的脸上留下丝毫痕迹，她的眼里依然柔情妩媚，唇间鲜艳迷人，春心也没有泯灭。于是，校尉宇文化及走进了她的心里，她不时对他递送秋波，施以恩爱；宇文化及也早就被这位美丽而孤独的皇后迷住了。就这样，两个心意暗许的人，终于不顾身份地走到了一起。

隋炀帝依然夜夜笙歌，他下令凿通了连及苏杭的大运河，沿着这条河下江南时，宫女们梳妆洗下的脂粉流满了运河，香气数月都散不尽。然而，这种艳丽奢侈的享受没有持续太久就引得民愤四起。

■1142 年，宋金和谈成功，韦太后被释放，回到江南。

□公元 1142 年，为了驳斥天主教会的非议与罗马教皇的斥责，63 岁的阿伯拉尔（法国著名哲学家、神学家）在前往罗马的途中去世，葬在法国东部小城查鲁尼。

天下大乱，太原留守李渊攻下长安。宇文化及与兄长宇文智及在扬州起兵造反，率兵进入离宫，刚满50岁的隋炀帝在寝殿西阁被乱臣缢杀。这时，宇文化及已经升为右屯卫将军了，好几年不曾单独与萧皇后相处，这次速速杀死隋炀帝，也大半出于迫不及待地要与萧皇后重叙旧好的心愿。萧皇后万万没有想到，领兵作乱的贼子是自己昔日的情人，她责备他恩将仇报，愤怒地要求他为隋炀帝按天子之制举行厚葬。宇文化及满足了她的要求，在一切妥当之后，萧皇后无可奈何地成为了宇文化及的偏房。

宇文化及看起来也不是一个一统天下的明主，就在他醉心于美人萧皇后的缠绵之中时，在中原一带起兵的窦建德，节节胜利，直逼江都，宇文化及抵挡不及，一败再败，最后带着萧皇后退守魏县，并自立为许帝，改称萧皇后为淑妃。不久，魏县又被攻破，宇文化及仓皇退往聊城，窦建德率军一路追击，最后攻下聊城，杀死了宇文化及。这时距隋炀帝的死，还不到一年时间。

经历了隋炀帝和宇文化及惨死的萧皇后，万念俱灰，看破红尘，找了一家尼姑庵准备了此残生。无奈天生丽质难自弃，取得暂时胜利的窦建德将她掳去，被她的美艳姿容和高贵气质迷住了，收她为妾。谁料窦建德也重蹈覆辙，纵情于声色之娱中，几乎忘记了自己逐鹿中原的初衷。

这时北方突厥人的势力迅猛地发展起来，大有直逼中原之势。原来远嫁给突厥可汗和亲的隋炀帝的妹妹、萧皇后的小姑义成公主，听到李渊已在长安称帝，又打听到萧皇后的下落，就派使者来到乐寿迎接萧皇后，窦建德不敢与突厥人正面对抗，只好乖乖地把萧皇后及皇族的人交给来使。

突厥可汗见到萧皇后的风采，顿感天下之美都集于此女一身，当天夜里便春情洋溢。无可奈何中，萧氏便由隋天子的皇后变成了番王的爱妃。时势至此，命运已经不能由她自己掌握，反正当初袁天罡就预言她命带桃花，在劫难逃，那也就只有听天由命吧！

■1937年12月8日，江苏镇江沦陷。

□1937年1月13日，世界上第一部彩色动画片《白雪公主和七个小矮人》问世。

后来，老番王死了，由颉利可汗继位，按突厥人的风俗，老番王的妻妾——义成公主与萧皇后姑嫂两人又被新任番王接手。虽说萧皇后要年长于义成公主，但由于她那卓绝迷人的风韵，颉利可汗更中情于她。

人物小传

萧皇后

萧皇后是隋炀帝的皇后。梁朝昭明太子萧统的曾孙女，西梁孝明帝萧岿之女，母张皇后，南兰陵人（今江苏常武一带）。萧氏出生于二月，由于江南风俗认为二月出生的子女实为不吉，因此由萧岿的堂弟萧岌收养。养父萧岌过世后，萧氏辗转由舅父张轲收养。由于张轲家境贫寒，因此本贵为公主的萧氏亦随之操劳农务。

隋文帝即位后，立长子杨勇为太子、封次子杨广为晋王。萧氏后成为杨广之妻，封晋王妃。史书中记载，萧氏性婉好学，颇得文帝与独孤皇后之宠，与丈夫杨广之间也相当合谐。后来，杨广登基为帝，萧氏凭正室身份被册封为皇后。虽然在即位后，炀帝妃嫔众多，但对于皇后萧氏一直相当礼遇。炀帝曾数次下江南，萧皇后必随行。对于炀帝的暴政，萧皇后因为惧怕而不敢直述，而作《述志赋》委婉劝诫。

史书中隋炀帝有三子二女，其中二子一女为萧皇后所出：元德太子杨昭、齐王杨暕、南阳公主等。

十年后，也就是唐太宗贞观四年（公元 630 年），唐朝大将李靖大破突厥，索回了萧皇后。这时萧皇后已是 48 岁的半老徐娘了，而唐太宗李世民才 33 岁，但萧皇后入朝时，李世民见她云髻高耸，雾鬓低垂，腰似杨柳，脸似牡丹，美眸流盼，仪态万千，完全没有按年龄而应有的老态，比一般的少女又多一份独到的成熟果实般诱人的风韵，才华盖世的李世民不禁为之心旌摇曳。再加上萧氏饱经离乱而孕育出来的楚楚可怜的情态，更

■1941 年 1 月 25 日，潘家峪惨案，日军屠杀村民 1230 人。
□1941 年 1 月 6 日，国民党制造震惊世界的皖南事变。

加令人由悯惜而生爱怜。顾不得年龄的悬殊，更不在乎外人的品评，萧皇后被唐太宗封为昭容。

李世民做皇帝后，为了避免重蹈隋炀帝的覆辙，在宫中励精图治，崇尚俭节。有一次，太宗在一个宴会上问身边的萧昭容：“你以为眼前场面与隋宫相比如何?”萧昭容只是平静地说道：“陛下乃开基立业的君王，何必要与亡国之君相比呢！”唐太宗立即明白了她话中的含义，深为她的明晓事理和言语得体而折服，对她愈加敬重了。萧皇后在唐宫中度过了18年平静的岁月，67岁时溘然而逝。

有名无实的战俘皇后

前面我们讲过，“靖康之耻”产生了中国古代最著名的战俘皇帝——徽钦二宗。其实，这次事故，也产生了一位有名无实的战俘皇后——南宋开国皇帝赵构的嫡妻邢氏。

靖康之难中，不仅二位皇帝被掳走，几乎所有后妃、王妃、宗室、公主也全部被金人掳走，赵构的嫡妻邢氏、两位侧室及五个女儿也在其中，只有身边的潘妃幸免。当时，身为康王的赵构在宗泽的掩护下率众南逃，于靖康二年（1127年）5月1日在应天府（今河南商丘）称帝，建立南宋政权。

赵构这个人没什么大志，他称帝后，只想偏安江南一隅，无意收复故土。在册立皇后这个问题上，由于当时嫡妻邢氏还在金人手里，生死未卜，而潘妃却有孕在身，因此赵构想立潘妃为皇后。几位大臣极力劝谏，赵构最终立邢氏为皇后，这么做，一来是与邢氏感情较好，二来是想迷惑臣民，树立一种想收复失地的进取姿态，以便笼络人心，安抚民意，坐稳侥幸得来的皇位。

■1943年5月，厂窖惨案，日军枪杀平民3万余人。
□1943年1月15日，美国五角大厦开始启用。

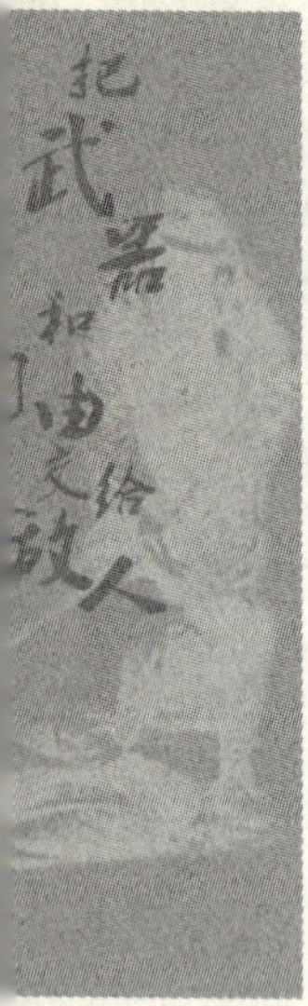

就在赵构称帝时，他的结发妻子邢氏却正遭受着巨大的不幸。靖康二年（1127 年）正月，金人颁布了一条针对女俘的命令，即强迫关押在金营的北宋皇室后妃公主全部接受身体检查，凡是怀孕的女性，一律用药打胎。当时邢氏已有身孕，自然也被强制堕胎。随后，金人要将一批战俘转移到北方，邢氏也在其中。

但是，邢氏被关押期间居然又怀孕了，这当然是金人造成的。怀孕之人最怕颠簸，更别说骑马了，何况邢氏根本不会骑马。于是，就在转移的第二天，也就是 3 月 29 日，邢氏从马上掉了下来，导致第二次流产。本来，女人小产之后，需要调养一段时间才能恢复。但作为一个俘虏，哪有这样的条件。医官将她稍作处理，就抬上了牛车，继续赶路。就这样，北上期间，包括邢氏在内的无数女俘继续受到金人的奸淫。到达目的地后，护送的军官将邢氏交给盖天大王，她又一次被强奸，邢氏不堪其辱，想要自尽，但是未遂。

赵构将生母韦贤妃和嫡妻邢氏分别册立为皇太后和皇后的消息，也传到了金人的耳朵里。金太宗为了羞辱赵构，竟然让韦太后和邢皇后一同为他侍寝，二人不得不就范。随后，金人在太庙前举行献俘大典，除了徽钦二帝二后稍有点尊严外，其他所有被俘人员一律“肉袒”（即脱光衣服），邢皇后也逃脱不了在众目睽睽下袒胸露乳的厄运。

献俘礼结束后，韦太后、邢皇后连同其他宫嫔、公主共三百多人一同被遣送到“浣衣院”。千万别认为浣衣院就是洗衣服的机构，它实际上是供金国皇帝消遣的场所，也就是皇帝专用妓院。邢皇后也曾和几位女俘一起被金太宗召去侍寝。当时，南宋与金正在交战，金人将韦太后、邢皇后等人送入“浣衣院”，目的自然是为了羞辱皇帝赵构。

历史事件特写：俄国战俘皇后叶卡捷琳娜一世的传奇

在俄国史上，也有一位著名的战俘皇后，她就是彼得大帝的第二任皇后，后来成为俄国第一位女沙皇的叶卡捷琳娜一世。虽然同为战俘，但她的命运与邢皇后相比，可以说是一个天上，一个地下。

叶卡捷琳娜本是瑞典治下的波兰裔拉脱维亚农民之女，终生不通文字，进入俄国只因沦为战俘。那是1702年，在北方战争期间，她成了俄军的俘虏，后来变成彼得宠臣缅希科夫的情妇。1703年，彼得大帝在缅希科夫家和她邂逅，从此两人结下不解之缘。她相貌出众，妖冶妩媚，加之又温柔有礼，很快就征服了彼得的心。从此，她由一个战俘和姘妇，一跃成为居万人之上的君王的宠姬。

但她沉溺于享乐，急迫地享用女皇的地位给她带来的一切。结果乐极生悲，几个月的放荡生活就使她的心脏出了毛病。她指定彼得一世的孙子继承王位，称彼得二世，自己只做了两年的女皇就去世了。

叶卡捷琳娜一世　　　　10－5

1127年10月，徽钦二帝找到一个手下，让他潜逃回大宋将这里的情况告诉赵构，设法营救。邢皇后得知宋徽宗派人南下后，以为有救了，于是也将赵构当年送她的定情之物——金环交给宋钦宗，让他设法转交给赵构，希望能勾起赵构的相思之情。环通“还”，从中也可以看出邢皇后希望逃出苦海的良苦用心。

但是，一旦迎回徽钦二帝，赵构自然也当不成皇帝。于是，贪恋帝位的赵构并没有公开营救，而是私下派人到金国打探，希望能用重金赎回邢氏。但是，金人知道邢皇后的尊贵地位，哪肯轻易放过她。更何况，不管徽钦二帝，先赎发妻邢氏，让人知道了还不行，只能偷偷摸摸地进行，要筹到足够的钱，满足金人的胃口，就更不容易，赵构只好作罢。

1139 年，邢皇后在饱经折磨和羞辱的日子中，病死他乡，享年 34 岁。邢氏死后，金人没有公开这个消息，直到 1142 年，宋金和谈成功，韦太后回到江南后，赵构才知道邢氏去世的消息。据说，每当想起邢皇后，赵构便“殊惨不乐”，这之中也许有爱的成分，但更多的，恐怕是赵构对邢皇后一生的负疚吧。

就这样，邢氏成为中国历史上唯一一个有名无实的皇后。她虽然名为皇后，却没有在皇宫里呆过一天。她没有享受做皇后的尊荣，伴随她的只有屈辱和噩梦。破巢之下，焉有完卵？在一场战争中，一旦沦为俘虏，女人往往要比男人承受更多的苦难，因为她们往往成为敌人的玩物。

酷睿点评

有句现代流行语是这么说的：“做女人难，做名女人更难。”我想，这句话放在任何年代，都能让无数女人感同身受。或者，那些沦为俘虏的名女人可以将这句话改一下：“做女人难，做一个美丽的女人更难，做一个乱世中的美丽女人就更是难上加难。”她们的命运由不得自己做主，而在于背后的那个男人。荣华富贵还是万劫不复，有时就在一瞬间。这戏剧化的人生经历，虽然离我等普通人很遥远，但却告诉我们一个不变的真理：“红颜多薄命。”

叶隐·寒刀·樱花——日本武士史

一本真正的日本武士史，带你走进一个残酷的世界

一个人，两柄刀，一柄御敌，一柄杀己。

战场、杀戮、流血、死亡……这是他们人生字典里出现频率最高的字眼，他们以血肉之躯，驱动着这个茫茫大洋中弹丸岛国向前发展。他们的名字叫——武士。

如果说日本的历史是一条河，那么武士便是河边樱树上的樱花。对于他们来说，死亡如同樱花凋谢，自然而凄美。

花自飘零水自流，然而历史的长河却不能将武士及其精神——武士道涤荡殆尽。它如一丝游魂，又似枯树盘根，或许在不经意间便会迸发出来……

作者：北冥有鱼
定价：28元
出版时间：2009年11月

勇敢的心——世界探险史

在生动惊险的探险事件回顾中享受阅读的轻松与刺激

冒险是人类一种天性。生存的动力、好奇心的驱使，牵引着人们去探索一个又一个地球深处的秘密。人类历史，其实就是一部探险史、开拓史！未知地带的秘密，神秘诱人的传说，危机四伏的征途，惊心动魄的故事，不畏死亡的英雄……再加上赤裸裸的欲望，构了这部探险史。本书忠于历史，并尽可能地在保持完整的历史脉络的同时，从细处着眼，从大多数人感兴趣的故事入手，为你讲述这些冒险的故事，并配有精美的插图。让你在富有趣味的阅读中，丰富自己的知识和见闻，感受那一幅幅的异国风情画卷。

作者：宁小小
定价：23元
出版时间：2009年11月

纵横四海——世界海盗史

最全面的海盗知识，最惊心动魄的海盗画卷

这里有惊心动魄的海盗生涯，浪漫旖旎的海上风情，沉睡千年的诱人宝藏；这里有一段段人生的起伏沉沦，一幕幕历史的另类再现。一打开它，你将会被深深吸引，它带给你的不仅仅是历史，是知识，是思考，还是无上的阅读快感。

作者：沧海一丁
定价：26元
出版时间：2009年11月

将热血抵押给铁甲和战马的男人——欧洲骑士史

像骑士一样带着光荣与梦想、激情和浪漫踏上征途

骑士，欧洲中世纪的一个特殊阶层。凭肉眼看，他们是骑在马上的、挥舞着长矛和利剑的男人，以一敌百，所向披靡。读完本书你就会明白，他们不仅仅是莽夫，卸下盔甲之后，他们还会写诗，还会泡妞，追求上进，还有着无比虔诚的宗教信仰。在财富和荣誉背后，骑士承担的是一份不为人所知的责任，拼了老命地在一次又一次的战役中想要将长矛刺进对方的心脏，费尽心思地想要爬上胜利者的巅峰。尽管随着骑士制度的衰落，骑士们各谋出路，但他们的本质没有改变，依然保持着那份高贵和英勇。

作者：八叔
定价：25元
出版时间：2009年11月

剑藏百万兵——世界刺客史

读刺客史，品另类人生，笑看花开花落

他们的身世成谜，他们的灿烂只是一瞬。他们之中，有的身处朝阁、位高权重，有的寄人篱下、仰人鼻息。他们的身份千差万别，但是，自从拿起刺刀的那一刻起，他们就有了一个共同的名字：“刺客”。

他们心狠手辣而又有勇有谋，他们三思而后动，静若处子藏不露，动如脱兔势如吞。

他们如飞蛾扑火，用热血铸就寒刀，制造统治者的梦靥。

本书荟萃世界各国著名的刺客与刺杀行动，上演惊心动魄的历史一幕。

作者：青港沉沙
定价：26元
出版时间：2010年11月

惊情六百年——吸血鬼史

看最缠绵悱恻的吸血鬼传奇，寻最刻骨铭心的爱恨情仇

我们为吸血鬼，足足倾情六百年。其实，我们爱吸血鬼，等于爱自己。从人类的角度出发，我们一起感受吸血鬼的骨肉亲情，上至父母之爱，下至舔犊之情，中间手足之情、朋友情谊，千丝万缕，天伦不灭，更有那永生的爱情，比飞蛾扑火更勇敢，比夏花更灿烂……

从吸血鬼们的生离死别中，我们由此推彼，知道自己从来都不知道珍惜所拥有的，从今以后，让我们一起珍惜我们目前所拥有的一切，直到永远。让我们和吸血鬼互相拯救对方的灵魂，爱的净重21克，只有灵魂的重量。

作者：金娅丽
定价：27元
出版时间：2010年11月

品味另类史丛书

把武器和自由交给敌人——世界战俘史

全面讲述战俘生活，五味俱陈，战争迷的最爱

战俘，从字面上看很容易理解，他们是一群卸下盔甲的人，一群失去自由、失去尊严的人。他们被遗忘在历史的灰暗角落，几乎没有人为他们书写一部完整的历史。偶尔进入公众视野，也大都是为了满足众人的好奇心和八卦欲。他们总是和屠杀、血腥、酷刑、惊险、离奇等一些极端的字眼联系在一起，并衍生出许多催人泪下的艺术品，例如电影等。看了这本书，你大概可以明白，“艺术源于生活”并不是没有道理的，甚至生活可能比艺术更精彩。

作者：宁小小
定价：27元
出版时间：2010年10月

别看了，你就是凶手——世界侦探史

最轻松有趣的侦探史，侦探迷们的精神狂欢

1850年，著名侦探阿伦·平克顿在美国创立了第一家私人侦探事务所之后，这种起初不为人认同的职业开始成为了西方国家的犯罪刑侦的重要角色，充当起警方的一种辅助力量，其紧张悬疑的气氛、扑朔迷离的案件，都成为了民众“正义永远战胜邪恶”的心理诉求，被人们茶余饭后津津乐道。但我们仅仅看到的是侦探侠义人格包裹下的智慧头脑和骄傲灵魂，谁又知，侦探也是一个普通老百姓，常常会面临生命危险，为了更加专注于案件的侦查，他们放弃了原本和睦的家庭，抛弃了七情六欲，在残酷的现实面前撞得头破血流。

作者：九叔
定价：26元
出版时间：2010年11月